아트경영

4차 산업혁명과
파괴적 혁신

아트

THE ART OF BUSINESS

경영

홍대순 지음

아카넷

경영 컨설팅의 베테랑답게 4차 산업혁명의 본질과 인간의 본성, 그리고 경영혁신에 대하여 날카롭게 파헤친다. 책 자체가 예술작품 같아 새로운 통찰을 얻는 느낌이다. **— 손병두 호암재단 이사장**

한번 읽기 시작하면 내려놓기가 어려운 책으로, 파괴적 경영혁신을 위해 예술에 길을 물으며 해법을 제시한다. 아트경영으로 대한민국의 기업들이 전 세계 혁신의 아이콘으로, 그리고 기업 현장에 있는 조직구성원들이 신바람 나게 일하는 모습이 그려진다.

— 정창영 연세대 명예교수/15대 총장. 삼성언론재단 이사장

새로운 컨셉의 제품으로 새로운 시장을 만들어야 한다고 강조하던 나에게도 "제품이 예술 작품이어야 한다"는 화두는 책을 읽은 후에도 큰 충격으로 머릿속에 남아 있다. 저자가 이야기하는 아트경영 개념은 제품과 기술 개발을 새로운 혁신의 길로 이끄는 등대와 같다. 기업에 몸담고 있는 모두에게 유용한 지침서가 될 것이다.

— 이현순 두산그룹 기술담당 부회장

4차 산업혁명 시대라는 거대한 변곡점에서 창의성과 파괴적 혁신을 일으키는 새로운 생각의 렌즈를 제시한다. 아트경영과 아트노믹스로 이어지는 신세계를 담아내고 있어 독자들의 지적 호기심을 자극한다.

— **장대환** 매경미디어그룹 회장

이 책은 예술과 미학, 경영학, 심리학, 의학을 비롯한 다양한 담장을 넘나들며, 파괴적 혁신의 근본적인 방정식을 흥미롭게 풀어낸다. 예술의 전당처럼 방문하면 자꾸 방문하고 싶은 책이다.

— **고학찬** 예술의전당 사장

많은 기업이 4차 산업혁명의 불확실성과 복잡성으로 대응방안을 고심하고 있는 상황에서, 혁신적인 방식으로 실질적인 성과를 낼 수 있도록 새로운 관점과 생각의 지평을 넓혀주는, 오아시스 같은 책이다.

— **이광우** LS그룹 부회장

기업경영에 있어서 '왜 예술인가'에 대한 통찰을 느낄 수 있으며, 기업경영에 필요한, 진정한 예술적 개입이 무엇인지를 제대로 조명한다. 향후 기업조직 속에서도 수많은 예술 전공자들이 활동하는 근사한 모습을 기대한다.

— **서희태** 밀레니엄 심포니오케스트라 상임지휘자, 드라마 〈베토벤 바이러스〉 예술감독

수묵화처럼 맑은 울림이 있는 이 책은 아트경영으로 경영의 격조를 탁월하게 높이는 골든키를 선사한다. — **하철경** 한국예총 회장, 화가

4차 산업혁명 시대! 기업경영에 새로운 패러다임을 제시하는 필독서이다. — **이병욱** 동아시아지속가능발전연구원 원장, 〈창조적 디자인 경영〉 저자

4차 산업혁명을 비롯해 새로운 시대가 펼쳐지고 있다. 산업 간의 융복합과 경계의 파괴로 인해 기존 공룡 기업들이 몰락하는 일이 이제는 빈번하게 발생하고 있으며, 인공지능과 빅데이터를 비롯한 외부 환경은 더욱 불확실해지고, 복잡한 경쟁 구도로 경영 환경이 급변해가고 있다. 이러한 환경에 대응하기 위해 기업들은 혁신의 중요성을 강조하면서 다양한 혁신 활동을 전개하는데 아쉽게도 혁신의 결과는 그리 만족스럽지 못한 것이 현실이다. 이 책의 목적은 바로 여기에 있다.

이 책은 파괴적 혁신을 위해 우리가 무엇을 해야 하는지 근본적으로 고찰하고 해답을 제시하는 데 초점을 두고 있다. 왜 근본적인 고찰이 되어야 할까? 왜냐하면, 지금 기업이 고민하는 이슈에 대한 본질에 접근하지 못하면 5년 후, 심지어 10년 후에도 혁신에 대해 겉도는 고민만을 할 가능성이 크기 때문이다. 즉 기업은 혁신을 위한 노력과 다각적인 활동을 전개하겠지만, 혁신은 여전히 더디며, 오히려 기업은 성장하지 못하고 퇴보할 우려마저 있다. 더군다나 지금은 기업의 퇴보 속도도 더욱 가속화되고 있어 한순간에 기업이 흔적조차 없이 사라지는 경영 환경에 놓여 있다. 따라서 근본적인 변화가 수반되지 않으면 경쟁에서 도태되고 말 것이다. 그리고 이런 아쉬운 소리를 하게 될지 모른다. "우리는 과거보다 더 열심히 했는데, 기업은 구조조정을 하게 되었다"라고.

'파괴적 혁신을 위한 근본적인 돌파구가 무엇인가?'라는 질문에 대한 답은 한마디로 아트경영, 즉 파괴적 혁신경영을 위해서 예술에서 답을 찾아야 한다는 것이 이 책의 핵심이다. 예술? 그렇다. 예술이다. '경영'과 '예술'. 이 두 단어는 얼핏 보기에는 매우 이질적이다. 경영 하면 떠오르는 것은 바빠서 한가할 틈이 없는 모습인 반면 예술은 여유로움 그 자체로 보이기 때문이다. 겉으로 보기에 예술은 의도적 비효율의 극치이기에 경영과는 상극의 관계에 있다고 피상적으로 느낄 수 있을 것이다. 하지만 예술의 본질과 경영의 본질을 꿰뚫어 보는 혜안(慧眼)이 있다면 왜 파괴적 혁신을 위해 기업은 예술에 길을 묻고 답을 찾아야 하는지, 이 책을 통해 하나하나 체화해갈 수 있을 것이다.

이 책은 총 1부와 2부로 나뉘어 있다. 1부에서는 왜 아트경영인지에 대해서, 2부에서는 아트경영의 실천에 대해서 제시하고 있다. 1부는 크게 세 개의 장으로 구성되어 있다. 1장에서는 외부 환경의 변화인 패러다임의 대변혁에 대해 이해하는 시간을 가질 것이고, 2장에서는 인간의 본성과 예술에 대한 탐구가 이루어지고, 3장에서는 예술적 개입에 의한 창조적 충돌에 대해 이야기한다.

이러한 아트경영에 대한 이해를 바탕으로 2부에서는 기업이 파괴적 혁신을 위해 지녀야 할 새로운 성공의 방정식을 위한 자본은 무엇이 되어야 할지 알아본다. 4장에서는 '예술적 자본(artistic capital)'을 제시하고 있으며, 무엇이 예술적 자본인지에 대해 'EFMC 모델'에 기반해 설명한다. 기업의 혁신과 창의를 위해서는 소위 자본이라 불리는 물리적 자본(hard capital)이 아닌 소프트 자본(soft capital)을 어떤 기업이 잘 갖추고 있는지가 미래 승부수가 된다는 것을 인지해야 한다.

그렇다면 창의의 아이콘이라 불리는 예술가들의 창의의 원천은 도대체 어디서 오는 것일까? 5장에서는 예술가의 창작의 비밀 다섯 가지를 공개하고 생각하는 방법에 대해 다시 한번 생각해보는 시간을 갖는다. 생각의 근육을 늘리기 위해서 어떻게 해야 하는가? 창의적 사고를 하려면 어떻게 해야 하는가? 5장에서는 이에 대한 해답을 제시한다.

마지막으로 6장에서는 아트경영을 위한 7대 경영디자인을 제시하여 '경영을 예술한다'의 의미와 새로운 경영 전략은 무엇이 되어야 하는지에 대해 살펴본다. 기업이 기존의 틀을 과감히 부수고, 경영에 '예술'을 입힐 때 기업에 놀라운 일들이 발생하는 것을 체험하게 될 것이다.

전 세계적인 석학들의 이론과 내용을 접하면서 다양하고 방대한 학문 분야에 있어서의 수많은 석학과 거인의 어깨 위에 올라타는 마음으로 이 책을 써 나기기 시작했다. 파괴적 혁신을 위해 왜 아트경영을 해야 하는지에 대해 경영자들이 인지하고 실천하는 모습을 기대하면서 집필했다.

이 책이 나오기까지 이화여대 MBA의 정다운 님과 이영

혜 님, 이승주 님의 도움이 매우 컸다. 또한 아카넷 김정호 사장님을 비롯하여 꼼꼼하게 편집교정을 함께 해주신 출판사 관계자들에게도 이 자리를 빌려 감사의 말씀을 전한다. 출판사의 노련함이 어우러졌기에 이 책이 세상에 나올 수 있게 되었다.

그리고 책을 발간한답시고 주말에도 책 속에 묻혀 있는 필자의 소중한 시간을 묵묵히 배려해준 아내 소민아 님, 그리고 윤서, 윤진에게도 고마움을 전한다. 마지막으로 필자가 이 자리에 있기까지 헌신해주신 부모님의 은혜에 깊은 감사를 드린다.

2018년 6월
이화여대 신세계관 연구실에서
홍대순

차례

2부 • 아트경영의 실천

1부

왜 아트경영인가

1장

패러다임의 대변혁과 아트경영

1. 경영과학의 종말, 아트경영 시대의 도래

'혁신'은 기업의 운명을 바꿀 수 있을 만큼 기업경영에서는 매우 중요한 요소이다. 그렇기에 많은 기업과 경영진들은 혁신의 중요성을 인지하고 다양한 혁신 활동을 도입해나가고 있다. 그러나 혁신 활동을 위해 수많은 시간, 노력, 자원을 투입함에도 불구하고 아이러니하게도 혁신의 결과는 기대하는 것에 훨씬 못 미치는 초라한 결과로 귀결되는 경향이 있다. 그래서 기업은 또 다시 혁신을 주창하며 혁신 활동을 전개하지만 파괴적인 혁신의 결과를 전혀 창출해내지 못하는 악순환을 계속 이어가는 것이 지금의 현실이다. 왜 이런 현상이 발생하는지에 대해서 우리는 매우 심각하고 진지하게 그 구조적인 원인에 대해서 인지하고, 근본적이고 본질적인 파괴적 혁신을 어떻게 추진해야 할지 고민해볼 필요가 있다. 그래야 혁신 활동의 악순환의 고리를 끊을 수 있기 때문이다. 이에 대한 해답을 한마디로 압축해보면 '경영과학' 시대의 종말과 '아트경영' 시대의 도래로 표현할 수 있다.

그렇다면 경영과학과 아트경영이 뜻하는 바가 무엇인지에 대해서 살펴볼 필요성이 있다. 경영과학이 꽃을 피우고 지대한 역할을 수행하던 시대에 투입 자원(input)은 전통적인 노동(labor), 자본(capital), 토지(land) 등의 물리적 자원이면서 유한 자원이었다. 즉 자원은 사용하면 소진되는 특성을 지니고 있다. 경영과학의 시대는 투입 자원을 늘리면 늘릴수록 규모의 경제(economy of scale)와 진입 장벽(entry barrier)으로 경쟁 우위를 확보할 수 있는 시대였다. 주로 공급자가 시장을 주도하는 구조라서 소위 만들면 팔리는 시대라고 볼 수 있다.

산출물(output)의 지향점은 더 좋게(better), 더 싸게(cheaper), 더 빠르게(faster)였다. '효율성', '생산성'이 매우 핵심적인 사항으로 자리매김하면서 대량생산, 표준화, 공용화, 프로세스 개선, 식스시그마 등의 논리와 분석에 기반한 과학적 경영관리기법의 전성시대였다. 우리는 이러한 경영과학 시대를 살았다.

또한 조직 구성원에 대한 인식에 있어서 인간을 주체로 바라보기보다는 일하는 대상으로 여겼다. 즉 인간을 '객체'로 바라보는 경향이 강해 인간은 '일하는 기계'라는 인식이 강했다. 이러한 관점에서 기업은 조직 구성원에게 내적 동기를 부여하기보다는 외적 동기를 부여함으로써 생산성과 효율성을 제고하는 방법을 사용했다. 따라서 이때에는 인센티브 등이 중요한 경영의 툴로 활용되었다.

그야말로 경영과학의 시대에서는 경영을 관리한다는 개념이 너무나 당연시 되고, 잘 관리하지 않으면 조직 운영과 기업경영이 방만하게 된다는 사실이 너무나 당연해서 '꼭 경영을 관리해야 하는가?', '그것이 잘못된 것이 없는가?'에 대한 생각을 하지 않을 뿐더러 그런 질문조차 거의 하지 않았다. 너무나도 당연하다고 생각했기 때문이다. 그렇다고 경영과학이 필요없다는 말은 아니다. 다만 경영과학은 새로운 돌파구인 파괴적 혁신과는 맞지 않다. 새로운 성공의 방정식인 아트경영이 성큼성큼 다가오고 있기 때문이

	경영과학	아트경영
투입 자원	노동, 토지, 자본	상상, 감성
산출물	더 좋게, 더 싸게, 더 빠르게 (better, cheaper, faster)	경험, 설렘, 심미 (experience, excitement, aesthetic)
지향점	효율성	효과성
조직 구성원에 대한 시각	객체	주체
동기 부여	외적 동기	내적 동기

표 1-1 경영과학과 아트경영의 비교

다. 과거와는 전혀 다른 새로운 세상이 열리고 있다.

아트경영은 경영과학과는 근본적으로 다른 메커니즘을 지니고 있다. 우선 외부 환경을 보면 지금 우리는 변동적이고, 복잡하며, 불확실하고, 모호한 사회 환경인 VUCA(Volatility, Uncertainty, Complexity, Ambiguity) 세계 속에서 살고 있다. 과거와는 완전히 다른 경영 환경에 노출되어 있으며, 공급자 주도의 시장이 아니라 수요자, 고객 주도의 시장으로 주어진 환경부터 다르다. 잠재적인 경쟁자가 누가 되는지도 과거와 달리 예측하기 어렵다. 어느 것 하나 명확한 것이 없어 산업의 분류와 정의 자체도 이제는 무의미하게 되고 있다. 그야말로 사회적, 경제적으로 대지진이 일어나고 있다. 이러한 상황인데도 과거의 방식을 고집하는 것은 기업 경영의 승자가 아닌 패자로 가는 지름길이 될 것이다.

구글과 미 보건당국이 경쟁자라면 어떤 생각이 드는가?

예를 들어, 독감 예측의 사례를 보자. 최고의 전문가들이 미 보건당국에 포진해 있고, 이들은 다양한 경험과 축적된 데이터와 노하우를 통해 독감을 예측한다. 그런데 이러한 전문성을 지닌 미 보건당국보다 독감 예측을 더 잘한 기업이 있는데, 바로 구글이다. 구글은 수많은 사람들의 검색 단어를 분석하여 미 보건당국보다 2주나 빨리 독감을 예측했을 뿐 아니라 정확성도 높아서 미 보건당국을 무색하게 한 일이 있었다. 구글과 미 보건당국이 경쟁자가 되는 특이한 세상에 우리는 직면하고 있는 것이다. 기존의 산업 구조 속에서 구글과 미 보건당국은 상호 경쟁이 되는 구조가 아니다. 그야말로 경계의 파괴 시대에 우리는 우리가 원하던, 원하지 않던 간에 놓여 있는 것이다. 이는 경영에서 보면 한편으로는 두렵고, 위기일 수 있지만, 다른 한편으로 보면 기회이자 도전이 된다.

순위	기업	시가 총액(백만 달러)
1	애플	810,491
2	구글	689,423
3	마이크로소프트	554,024
4	아마존	481,192
5	페이스북	445,162

표 1-2 전 세계 시가 총액 상위 5위(2107.6.9)
자료: www.corporateinformation.com

이뿐만이 아니다. 타깃(TARGET)이라는 미국의 유통업체에서 일어난 일이다. 타깃은 한 여고생에게 임부복, 신생아용 가구 쿠폰을 우편으로 보냈는데, 이 여고생의 아버지가 타깃 회사에 항의를 했다. 그런데 놀랍게도 그 여고생은 실제로 임신 중이었던 것으로 확인이 되었다. 이를 안 아버지는 깜짝 놀랄 수밖에 없었다. 어떻게 이러한 일이 전개될 수 있을까? 이는 아주 작은 변화의 시작에 불과하다고 보는 것이 맞다. 빅데이터를 기반으로 우리들이 일상생활 속에서 제공하는 다양한 정형 및 비정형의 데이터와 정보가 기업에 노출되고 제공되어 각 개개인이 어떤 생활을 하는지, 어떻게 살아가는지, 개인도 인지하지 못하는 것을 기업은 알아차리고 대응하는 시대에 돌입한 것이다.

소위 빅데이터를 비롯한 다양한 기술개발에 기반해 디지털 사회로 급속하게 진화되면서 디지털라이프로의 대전환이 이루어지고 있다. 과거 아날로그 시대에는 매장에 직접 가서 물품을 구매하고, 소비자 스스로 재구매가 필요함을 인지하고 다시 매장에 가서 구매했다. 하지만 지금은 어떤 물품에 대해서 재구매가 필요한지를 미리 업체가 알려주기도 하고, 아마존의 대시버튼처럼 누르기만 하면 자동 주문, 배송이 이루어진다. 이러한 급변하는 상황은 전 세계 시가

그림 1-1 인간과 컴퓨터의 퀴즈 대결 **자료:** IBM 홈페이지.

총액 상위에 포진된 기업들을 보더라도 알 수 있는데, 전 세계를 호령하는 기업들은 새로운 세상을 만들어 가고 있는 IT 관련 기업이다.

또한 우리에게 충격을 준 알파고는 인공지능의 본격적인 신호탄으로 인공지능이 미칠 영향은 가히 혁명적이라고 볼 수 있다. 기자보다 글을 더 잘 쓰고, 인간 퀴즈 왕보다 퀴즈를 더 잘 풀고, 의사의 경험과 지식보다 더 방대한 자료를 바탕으로 수술 접근 방법에 대해 의사에게 조언하는 컴퓨터가 등장한 시대로 인해 우리는 직업에 대한 대체의 두려움에 휩싸여 있기도 하다. 기계적 합리성으로 대변되는 분야의 일들에 있어서는 인간은 컴퓨터를 능가할 수 없는 세상이 오고 말 것이다.

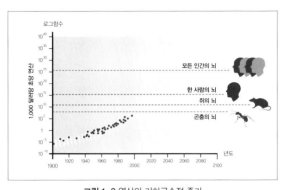

그림 1-2 연산의 기하급수적 증가
자료: 레이 커즈웨일 저, 김명남 역, 『특이점이 온다』(김영사, 2007), 101쪽.

이것이 바로 미국의 미래 학자인 레이 커즈웨일이 이야
기하는 "특이점(singularity)이 온다"라는 의미이다. 2029년
에 인간 뇌의 성능과 다름없는 기계지능이 나타나게 될 것
이고, 그 이후 비약적으로 발전하면서 2045년에는 인간지
능을 수십억 배 능가하게 된다는 이론이며, 이 시점을 기준
으로 인간의 역사는 완전히 달라질 것이라는 뜻이다.

빌 게이츠는 이를 두고 "인공지능 분야의 미래에 관해
최고 권위자가 들려주는 인류 문명의 미래"라고 평가했다.
인류 미래에 대한 심각한 경고이자 또 다른 세상의 기회가
펼쳐지고 있는 것이라고 볼 수 있다. 그렇다면 앞으로 '사
람의 미래는 어떻게 될까?', 더 나아가 '사물의 미래는 어

떻게 될 것인가?'에 대해 진지하게 고민해 보아야 한다.

이뿐만이 아니다. 전 세계에 수많은 호텔을 소유하고 있는 힐튼 호텔의 시가 총액은 숙박 시설이라는 자산을 전혀 소유하고 있지 않은 에어비앤비보다도 작다. 100년 이상의 역사와 전통과 브랜드 파워를 가진 제너럴모터스(General Motors)는 신생 기업인 우버(Uber)에게 시가 총액을 추월당하기 시작했다. 우버는 자동차를 보유하고 있지도 않은 자동차 서비스 업체인데도 말이다. 과거라면 상상이나 할 수 있겠는가?

기업의 정체성 또한 커다란 변화에 직면하고 있다. 전통적인 제조업 강자인 제너럴일렉트릭스(General Electrics)는

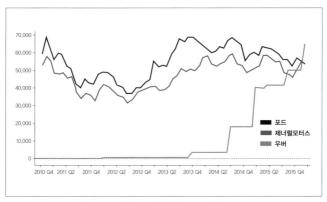

그림 1-3 우버와 GM 시가 총액 비교 **자료:** Forbes.

"우리는 제조업체가 아니라 소프트웨어 업체"라고 천명하는 등 기존의 산업, 경쟁, 비즈니스 모델의 전통적인 개념이 더 이상 성립되지 않는 시대에 직면하고 있다. GE는 자신의 경쟁자를 SAP, IBM이라고 선포하기까지 했다. GE는 사물인터넷(Internet of Things: IoT) 등의 다양한 기술과의 접목을 통해 하드한 컴퍼니에서 소프트한 컴퍼니로의 대전환을 시도하고 있다. 아울러 최고 디지털 책임자(Chief Digital Officer: CDO)를 지명하면서 디지털 파괴의 시대에 새로운 대응을 시도해가고 있다. GE는 자사의 생존 열쇠가 산업인터넷(industrial internet)에 있다고 이야기하며, 제트엔진 등 대형 기계류에 센서를 부착하여 데이터를 확보하고 이를 실시간으로 분석해 더욱 성과를 향상하는 시스템 개발에 박차를 가하고 있다. 결국 전통 아날로그 강자인 GE가 서비스 컴퍼니로의 전환을 모색해가고 있는 것이다.

인더스트리 4.0 하면 대표적으로 지멘스(Siemens)의 암베르크 공장을 떠올리게 된다. 암베르크 공장이 불량률을 100만 개당 500개에서 10개로 획기적으로 줄인 점도 의미가 있지만, 더 주목해야 할 점은 공장 플랫폼, 컨설팅 서비스 등으로의 사업 영역의 변화, 확대가 이루어졌다는 점이다. 지멘스는 SAP CEO를 역임한 짐 하게만 스나베(Jim

그림 1-4 지멘스의 암베르크 공장 **자료:** Siemens.

Hegemann Snabe)를 이사회 의장으로 영입하기도 했다.

　기업경영에 있어서 가치사슬(value chain) 또한 더 이상 유효하지 않은 상태에 와 있다. 전통적인 가치사슬은 일반적으로 연구 개발, 생산, 마케팅, 물류, 판매, 애프터서비스이다. 그러나 지금은 어떠한가? 3D 프린팅 등을 통해 1인 제조 창업의 시대가 새롭게 열리고 있다. 과거에는 아이디어가 있어도 그것을 제품으로 생산하기가 수월하지 않은 구조였으나 지금은 아이디어가 있으면 생산까지 가능한 구조를 형성하고 있다. 물류 또한 역동적인 변화를 맞이하게 될 것이다.

또한 기업만이 제품 및 서비스를 기획하는 것이 아니라, 소비자이자 고객이 직접 기업의 제품 개발 과정에 참여하여 의견을 개진하고, 때에 따라서는 크라우드 펀딩을 통해 소비자이자 고객이자 주주로서의 다양한 역할을 수행하기 때문에 예전의 명확한 역할이라는 개념 자체가 붕괴되고 있다.

이처럼 기존의 틀이 완전히 붕괴되는 시대가 도래하고 있기에, 기존의 경영 방식을 적용해서 성공하기는 쉽지 않을 수 있다는 점을 구조적으로 이해해야 한다. 그럼에도 불구하고 기존의 경영 방식에서 혁신과 창의를 강조한다고 해서 혁신이 창출되는 것을 기대하는 것 자체가 어찌 보면 모순일 수밖에 없다.

좀 더 시야를 넓혀 인류 역사를 되짚어보면 인류는 농업혁명을 거쳐 산업혁명의 시대로 진입했고, 산업혁명을 통해 인간의 육체는 기계로 대체되었다. 대량생산 체제하에서는 생산성, 효율성의 극대화라는 기치 아래 '경영은 관리'라는 개념이 지배적이었다. 일하는 인간 역시 당연히 관리의 대상이 될 수밖에 없었던 것이다. 일하는 시간에 딴짓을 하는 것을 용납하지 않았다. 실제로 1940년대에 외국 자동차 회사에서는 웃음이 엄격히 금지되어, 콧노래, 휘

파람, 미소 등을 불복종의 신호로 여겼는데, 동료와 웃다가 조립 라인을 30초간 지연시킨 전과가 있던 직원은 웃었다는 이유로 해고당하기도 했다.

산업혁명의 진화 과정에서 인간의 육체는 기계에 의해 대체되었고, 이후 인간은 일에 있어서 새로운 역할과 기회를 모색하면서 인간의 좌뇌와 경영 관리, 경영과학은 극대화되었다. 생산성과 효율성을 분석하는 좌뇌의 역할은 기존 산업화에 있어서 핵심적 역할을 수행해왔는데, 지금에 이르러서는 좌뇌의 기능을 기계에 넘겨주어야 하는 세상이 되었다. 왜냐하면 기계가 인간보다 더 뛰어나고 방대한 지식과 정보를 보유하게 되었기 때문이다. 그럼 이제 인간에게 남은 것은 무엇인지 생각해봐야 한다. 결국 남은 것은 우뇌이다. 그간 좌뇌에 억눌려 있었던 우뇌의 화려한 등장이 예고되고 있는데, 바로 상상과 감성의 영역이 세상을 지배하는 시대가 도래하고 있다. 이것이 기술의 진보와 함께 4차 산업혁명에서 창조와 파괴적 혁신의 핵심인 것이다. 좌뇌, 기술, 관리 대상으로서의 인간의 틀에서 벗어나 우뇌, 예술, 주체로서의 인간으로의 대변혁이 요구되는 아트경영의 시대가 도래한 것이다.

따라서 아트경영에서의 투입 자원은 경영과학 시대의 물

리적 자원과는 차원이 다른 상상(imagination), 감성(emotion) 등의 매우 소프트한 자원이며, 눈에 보이지 않는 자원들이 자 무한 자원이다. 사용하고 사용해도 소진되지 않는 특성을 지니고 있다. 이러한 상상과 감성 자원을 통해 구현하는 산출물은 의미(meaning), 심미(beauty), 감동(excitement)으로 구성된다.

즉 개발된 제품이 경영과학에서는 기능적인 측면에 머물렀다면 아트경영에 있어서는 심미적, 경험적 차원을 넘어서는 경지로 나아가는 것이다. 단순히 값이 싸다고 해서, 기능이 더 좋다고 해서 고객이 지갑을 여는 것이 아니라 이제 고객은 어떤 기업 제품에 대해 열광하고 환호하는 팬이 되는 시대로 바뀌어가고 있다. 마치 예술 작품을 보고, 감동하고 열광하듯이 제품에 대해서도 "와우! 예술인데"라는 평가를 하는 시대로 변화되고 있다.

조직 구성원에 대한 생각에 있어서도 조직 구성원을 일하는 자원이나 객체로서 바라보는 것이 아니라 주체로서 소중한 존재로 인식하고, 외적 동기 부여를 넘어 내적 동기를 부여함으로써 구성원이 자긍심과 자부심, 성취감과 행복을 느끼도록 하는 것이 바로 아트경영인 것이다.

2. 하이터치 사회! 감성의 위대함

뉴로 마케팅, 감성 마케팅 등이 이제는 익숙할 정도로 감성의 중요성이 기업경영에서 매우 중요시되고 있다. 때에 따라서는 인간을 이성적으로 판단하지 않는 비합리적인 인간이라고 말하는 것도 가만히 살펴보면 인간에게 감성의 영역이 존재하기 때문이다. 그래서 이성적으로는 이치에 맞지 않는 행동을 하기 때문에 비합리적이라고 판단할 수 있지만, 이는 인간을 제대로 이해하지 못했다고 보는 것이 맞으며, 인간을 제대로 이해한다면 오히려 비합리적이지 않다고 볼 수 있다.

예를 들어, 어떤 변호사에게 가난한 퇴직자를 위해 저렴하게 서비스를 해줄 수 있는지 물었을 때 대부분 거절했다고 한다. 그런데 무료로 해달라고 하니 오히려 승낙했다고 한다. 일반적으로 이 이야기를 들으면 인간이 비합리적이라고 판단할 수 있을 것이다. 바로 인간의 모습이 이러하기에 이성적으로만 판단할 수 없는 것이다. 지금까지의 산업혁명 시대에서 인간을 바라보는 잘못된 관점이 각인되었고 인간에 대한 깊은 고찰과 이해의 부족, 좌뇌 우위에서 기인된 잘못된 생각에 이의를 제기해야 한다.

영국 정부는 '행동관찰 조직(behavioural insight team)'을 만들어 정부가 더욱 감성적이고, 똑똑해질 수 있다는 사례를 만들어가고 있다. 대표적으로 구직 활동 중인 실업자들에게 일자리를 더 빨리 찾게 하는 방법 중 하나가 바로 실직 상태의 느낌을 일기로 쓰게 한 것이었다. 일기를 쓰게 함으로써 구직의 동기 부여를 끌어올리게 된 것이다.

또 다른 사례는 표 1-3에서 보는 바와 같이 세금과 관련된 것인데, 세금 미납자를 대상으로 네 가지 상황에 따른 납세율의 변화 결과가 분석되었다. 첫 번째 그룹에게는 세금 미납자에게 보내는 통상적인 경고장을 발송했고, 두 번째 그룹에게는 자신이 사는 지역에 있는 다른 미납자들이 대부분 밀린 세금을 냈다는 내용의 편지를 보냈으며, 세 번째 그룹에게는 자신과 비슷한 액수의 세금 미납자들이 대부분 세금을 납부했다는 내용의 편지를, 마지막 그룹에게는 자신이 사는 지역에 자신과 비슷한 액수의 세금 미납자들이 대부분 세금을 납부했다는 내용의 편지가 발송되었다. 결과는 어떻게 되었을까? 첫 번째 그룹보다도 '감성'의 영역이 접목된 두 번째, 세 번째, 네 번째 그룹의 납세율이 더 높았다. 똑같이 세금을 내라는 이야기이지만, 어떻게 소구하느냐에 따라 그 결과가 달라지는 것을 우리는 확인할 수 있다.

그룹	납세율
첫 번째 그룹	33.6%
두 번째 그룹	35.8%
세 번째 그룹	36.6%
네 번째 그룹	38.6%

표 1-3 네 가지 형태의 경고장을 보낸 23일 뒤 미납자의 납세 비율
자료: 김윤이·김대식 외, 『빅픽처』(생각정원, 2016), 168쪽.

일반적으로 비합리적으로 의사결정을 한다는 의미는 다분히 인지지능에 기반한, 즉 좌뇌에 기반한 사고방식이다. 보다 본질적으로 인간의 본성과 본질에 접근하면 오히려 비합리적으로 보이는 것이 당연한 것인지도 모르겠다. 결국 지금까지는 인지지능의 시대였다면 미래는 감성지능의 시대로 진화해가고 있다.

소비를 뜻하는 영어 단어 consume의 어원적 정의는 '얻다(to get)'이고, 정서에 해당하는 영어 단어 emotion은 어원적으로 '움직이다'라는 뜻을 가지고 있는데 이 두 단어를 한데 모으면 어떤 것을 얻으려면 소비자를 움직여야 한다는 말이 된다. 서던 캘리포니아 대학교의 마케팅 교수인 제이 A. 콩거(Jay A. Conger)는 "비즈니스 세계에서 어떤 의사결정을 내릴 때 논리적 사고에 입각하여 결정한다고 믿는 경향이 있다. 하지만 속내를 살펴보면 감정, 즉 정서 역시

큰 변수로 작용하고 있음을 알 수 있다"라고 하면서 숨겨진 감성의 위대함을 간과해서는 안 된다고 강조했다.

세계적인 미래 학자 대니얼 핑크(Daniel Pink)는 자신의 저서 『새로운 미래가 온다』에서 감성의 시대를 강조하고 있는데, 현대 사회는 경쟁에 바탕을 둔 대량생산과 획일화되고 몰개성적인 상품의 범람, 자동화, 도시화, 인간성 상실 등의 사회임에 반해 미래 사회는 획일화된 삶에서 벗어나 개성이 중시되고, 개인 존중과 감성 중심의 새로운 미래 사회가 들어서게 된다는 것이다. 21세기는 양적 성장보다 질적 성숙을 추구하는 시대로 전환되고 있으며, 이성에서 감성의 시대로 넘어가고 있다고 강조하고 있다 .

이성과 좌뇌 우위 시대에서 감성과 우뇌는 어찌 보면 찬밥 신세였다. 그러나 어느 순간부터 감성의 중요성이 서서히 부각되고 있다. 기업의 제품이 기능, 품질의 차원을 넘어서 고객의 감성에 어필될 때 고객은 기꺼이 지갑을 여는 시대가 되었다. 제품 기능이 좋아 보인다고, 제품 가격이 싸다고 해서 고객이 구입하는 시대는 이미 지났기에 우리는 감성에 주목해야 하는 것이다. 4차 산업혁명은 우리에게 기존의 틀에서 깨어나 이제 감성, 인간의 본성에 접근해야 한다고 소리 치고 있다.

고객의 가치라는 관점에서 보면 지금까지는 기능적 가치(functional value)가 중요시되었고, 여기서는 이성적인 판단이 매우 중요했다. 그러나 다양한 제품의 공급과 기술발달로 인해 고객들은 새로운 가치를 추구하기에 이르렀다. 이제는 기능적 가치를 뛰어넘어 감성적 가치(emotional value), 심미적 가치(aesthetic value)의 중요성이 더욱 부각되는 시대로 변화되어 가고 있다. 기업에서는 이러한 고객의 심미적, 감성적 가치에 어떻게 부합할 것인지에 대해 제품 개발에서부터 마케팅에 이르기까지 새로운 전략이 요구되고 있다.

그렇다면 감성이란 무엇일까? 미국 하버드 대학교 심리학 교수인 대니얼 골먼(Daniel Goleman)은 감성지능(emotional intelligence)을 "우리 자신의 감정과 다른 사람의 감정을 인식하고, 스스로에게 동기를 부여할 수 있으며 타인과의 관계 속에서 감정을 잘 조절하는 능력"이라고 정의 내렸다. 감성지능은 자기인식능력, 자기관리능력, 사회적 인식능력, 관계관리능력으로 구성되어 있다. 그는 이 가운데 자기인식이 감성지능의 가장 근본이지만 일반적으로 비즈니스 환경에서는 그것이 무시되고 있다고 주장한다.

이러한 대니얼 골먼의 감성의 개념을 예술에 접목해보면, 스스로가 만든 예술의 결과물인 작품을 통해 자신의 감정을 살펴볼 수 있게 되며, 만드는 과정 또는 그리는 예술 창작의 과정 속에서 부정적인 정서를 순화해가며 감정을 조절할 수 있게 된다. 또한 예술에서는 '맞고 틀리다'의 관점이 아닌 '다르다'의 관점이 핵심이기 때문에 상대방과의 차이를 인정하게 된다. 이것은 기업경영에 있어서 굉장히 중요한 요소인데 기업 현장에서는 '다르다'의 관점이 결핍되어 있기 때문이다. 그렇다 보니 반목과 질시만 있고 배려는 없는, 잔인하기 그지없는 조직 분위기가 형성되기 십상이다. 예술 활동 과정에서는 오히려 배려와 협동 성향을 지니게 될 뿐더러, 예술에서 중요시 여기는 동기 부여가 되므로 예술은 사람에게 있어서 감성지능을 향상시키는 매우 중요한 역할을 담당하고 있다.

2002년 골먼은 『감성의 리더십』에서 3,871명을 대상으로 조사한 연구 결과를 공개했는데, 일터의 분위기, 즉 감성적 분위기는 경영 성과에도 영향을 미친다는 연구 결과를 내놓았다. 다시 말해 사람들이 얼마나 서로 관심을 갖고 표현하는지, 얼마나 많이 신경을 쓰는지에 따라 경영 성과가 20~30% 차이가 난다는 사실이다. 이처럼 감성은 기업경영에 있어서 경영 성과와 조직 분위기를 좌지우지할 수 있는 막강한 기업 내 자산이 되어야 한다. 그러나 안타깝게

개인적 능력	자기인식능력	자신에게 일어나는 느낌을 인식하는 능력, 자신의 감정을 관찰하는 능력은 자신에 대한 심리적 통찰과 이해에 필수적임(감정적 자기인식, 정확한 자기평가 등)
	자기관리능력	충동을 자제하고, 불안이나 분노와 같은 스트레스의 원인이 되는 감정을 제어할 수 있는 능력(감정적 자기제어 등)
사회적 능력	사회적 인식능력	다른 사람의 감정을 헤아리고 그들의 시각을 이해하며, 그들의 시각에 적극적인 관심을 표명할 줄 아는 능력(감정이입 등)
	관계관리능력	집단 내에서 조화를 유지하고, 다른 사람들과 서로 협력할 줄 아는 능력(유대형성 등)

표 1-4 대니얼 골먼의 감성지능
자료: 대니얼 골먼, 장석훈 옮김, 『감성의 리더십』(청림출판, 2003), 76–77쪽.

도 오늘날 많은 기업은 감성이 들어올 영역에 이성적인 환경을 만들어 놓음으로써 오류를 범하고 있다. 즉 인간의 본성에 역행하고 인간을 주체가 아닌 대상으로 전락시키는 우를 범하고 있다. 따라서 이제 미래에는 인지지능만이 능사가 아니라 어느 기업이 더 많은 '감성지능'을 갖추고 있느냐가 기업경영에 있어서 핵심이 될 수밖에 없다. 감성지능이 빈약한 조직에서는 결코 탁월한 성과와 동기 부여가 된 조직 구성원의 모습을 그리기가 쉽지 않다. 기업은 하이테크를 넘어 하이터치, 인지지능에서 감성지능의 새로운 변혁에 직면하고 있다.

3. 예술 창작과 경영 혁신 렌즈

최근 4차 산업혁명 속에서 대두되고 있는 핵심 기술 중 하나는 사물인터넷이다. 사물인터넷은 사물의 미래를 더욱 진화, 발전시키는 역할을 하고 있다. 그렇다면 사물인터넷과 예술은 어떤 관계가 있을까? 황인원 문학경영연구원 대표이자 시인은 문학, 시를 통해 생각을 창의적으로 바꿀 수 있다고 강조하는데 다음의 내용 또한 그와 같은 이치다.

사물인터넷과 예술과의 관계를 파악하기 위해서 안도현 시인의 〈봄비〉라는 작품을 우선 감상해보자.

> 봄비는
> 왕벚나무 가지에 자꾸 입을 갖다 댄다
> 왕벚나무 가지 속에 숨은
> 꽃망울을 빨아내려고

이 짤막한 시조차도 읽고 감상하기조차 힘들 만큼 업무 생각에 쫓기고 마음이 바쁘다면 일단 의도적으로 마음을 편안히 가져볼 필요가 있다. 예술은 아이러니하게도 '의도적인 비효율의 극치'라고 볼 수 있는데, 역설적으로 이러한

'의도적인 비효율의 극치'가 혁신과 창의의 원천이다. 바로 경영이 예술에게 파괴적 혁신의 비법에 대해 한 수 배워야 하는 이유이기도 하다.

시를 보면 사물인 꽃을 의인화하고 있다. 사물에 감정이 입을 하고 의인화함으로써 우리의 새로운 감성을 자극하고 있다. 시에서 사물의 의인화 기법은 아주 오래전부터 사용되었는데, 이러한 시의 창작 과정에서 너무나도 보편적으로 사용되고 있는 생각 방식과 접근 방식을 기업경영에 접목해보면 어떻게 될까?

기업경영에 시의 창작 과정에서 쓰인 기법을 적용하여 기업경영에서 쓰이는 설비, 부품, 시설 등, 즉 사람이 아닌 사물끼리 상호 대화를 나누면 어떻게 될까라는 생각을 할 수 있을 것이다. 이뿐만이 아니라 제품, 설비를 판매한 기업에서 고객들이 잘 사용을 하고 있는지, 고장은 없는지 안부를 수줍은 듯 묻고 대화를 하면 어떻게 될까라는 상상을 해볼 수 있다. 조금 더 생각이 진전되어 이번에는 고객이 물건을 재구매하기 전에 물건 스스로가 알아서 고객이 사용하던 제품이 소진되어가니 해당 기업에 연동된 IT 시스템이나 센서를 통해 구매요청을 한다면 이는 고객과 기업에 근무하고 있는 사람 간 대화가 아닌 기계끼리의 상호 대

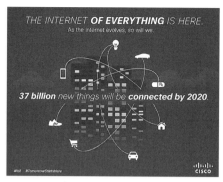

그림 1-5 사물인터넷 **자료:** 시스코

화이다. 기존의 비즈니스 방식과는 차원이 다른 형태로 진화, 발전된 것이다.

이처럼 사물과 사물, 기계와 사람, 기계와 기계 간의 커뮤니케이션을 통한 새로운 수익 창출, 운영 및 비즈니스 모델의 혁신을 꾀할 수 있는 방안이 모색될 수 있다. 사물과 사물 간의 대화를 통해 고객이 사용하고 있는 제품의 상태 및 교체 주기 등 정보를 습득하고 관련 필요사항을 조치함으로써 새로운 수익이 창출되고, 새로운 비즈니스 기회가 생기는, 바로 이것이 사물인터넷이다. 이러한 사물인터넷의 생각의 기틀은 가만히 보면 감정이입과 의인화처럼 문학, 시에서 아주 오래전부터 빈번하게 사용되는 생각의 기법이고, 주변 현상을 바라보며 관계를 규정하는 수많은 창의와 창작 기법 중 하나인 것이다. 이러한 수많은 새로운 창작을 위한 몸부림인 예술에서 기존의 틀을 부수고 새로운 관점과 생각의 렌즈를 착용하는 것은 기업경영에 있어서 하면 좋은 것(nice to have)이 아닌 반드시 해야 하는 것(must have)이 되고 있다.

이처럼 예술 창작 과정의 노하우를 경영에 접목해보면 새로운 상상과 새로운 관점이 생겨난다. 이것이 예술의 창작 과정을 우리가 유심히 살펴볼 필요가 있는 이유이기도 하다. 기업경영에 있어서의 예술 접목을 결코 예술 지식의 습득, 교양 또는 인문학적 지식으로 생각하면 안 된다. 오히려 예술가들의 창작 과정을 기업경영에서 활용하여 창의와 상상의 원천으로 삼아야 한다. 예술가들은 끊임없이 창조와 창의, 공감과 감동을 선사하기 위해 가장 궁극적인 고민과 처절한 몸부림 속에서 작품을 탄생시키는데, 경영의 혁신 또한 이 과정과 너무나도 유사하다.

예술 창작 과정의 노하우를 기업 혁신 경영에 접목하게 되면 전혀 생각하지 못한 혁신 방안들이 쏟아져 나올 수밖에 없다. 그러나 지금까지 예술가는 그러한 예술 창작의 과정이 기업경영에 어떻게 쓰이는지 알 수가 없었고, 기업경영에 있어서는 혁신의 근본적인 열쇠가 예술에 있는 것을 인지하지 못했다. 예술을 그저 고상한 그 무엇, 시간 날 때 접하는 것, 직원의 복리후생 차원에서 또는 CSR(Corporate Social Responsibility) 차원에서 다루어지는 정도로 격하해온 것이다. 예술이 진정한 파괴적 혁신으로 이끄는 보석인 줄도 모르고 말이다.

요즘에 융합, 통섭이 중요해지면서 수많은 예술, 인문 관련 특강이 열리는데 이러한 특강을 통해 피카소의 작품이 무엇이고, 베토벤의 작품이 무엇인지에 대한 지식을 얻는 것이 목적이 되어서는 안 된다. 예술가의 창작 과정에서 경영 혁신을 위해 무엇을 차용해서 제품을 어떻게 혁신할 것인지, 혁신적인 조직 문화를 어떻게 만들어갈 것인지를 이러한 특강을 통해 얻어가야 한다. 그렇지 않으면 좋은 강의 하나 잘 들은 것 이상이 되지 못할 것이고, 다시 경영 현장으로 돌아가면 아무런 변화가 없을 것이다. 즉 예술에 대한 지식을 쌓고 잠시 복잡한 경영 현장의 이슈를 잊는 도구로서의 예술과 인문이 아니라, 이제 새로운 시대를 준비하고 또 다른 무기로 승부하기 위한 과정, 즉 경영에 예술을 개입시키는 것에 주목해야 한다. 이것이 진정한 융합이자, 경계의 파괴이고 이를 통한 파괴적 혁신의 실현일 것이다. 경영 혁신에 새로운 생각의 렌즈를 입혀야 한다.

4. 괴짜가 사고 치는 시대

우리는 기업의 채용 방식에 대해서도 새롭게 생각해볼 시점에 와 있다. 물론 지금까지의 채용 방식이 잘못되었다고 말하는 것은 아니다. 경영과학 시대에서의 채용 방식과 아트경영 시대에서의 채용 방식은 달라야 한다. 구글의 경우를 들어보자. 구글은 호기심과 내적 동기를 중요하게 여기는데, 이를 위해 구글은 구글만의 창의적인 채용 방식을 고민하고 실천해가고 있다. 2004년, 미국 캘리포니아의 남북을 가로지르는 국도에 아무런 정보나 설명 없이 덩그러니 '{e의 연속하는 자릿수 중에서 맨 처음에 나오는 10자리 소수}.com'이라고 적힌 광고판이 하나 설치되었다.

여러분이 이 광고판을 봤다면 어떤 행동을 취하겠는가? 아무런 설명도 없으니 눈에 들어오지도 않아 무심코 지나치기에 딱 좋은 광고판이다. 실제로 많은 사람들은 차를 운전하며 이 광고판을 무심히 지나쳤다. 그러나 모든 사람이 다 지나쳐버린 것은 아니었다. 일부 사람은 광고판에 적혀 있는 내용에 호기심을 가지고 실제로 광고판에서 이야기하는 내용을 파고 들어가 '7427466391'을 찾아 '7427466391.com'으로 인터넷으로 접속했다. 접속을 하

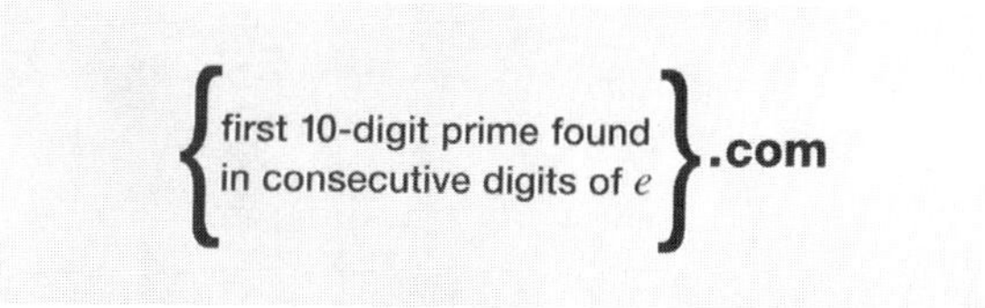

{ first 10-digit prime found in consecutive digits of e }.com

그림 1-6 2004년 미국 고속도로에 있는 광고판
자료: 윌리엄 파운드스톤, 유지인 옮김, 『당신은 구글에서 일할 만큼 똑똑한가』
(타임비즈, 2012), 54쪽.

니 "축하합니다. 다음 문제에 도전하세요"라는 문구와 함께 더 복잡한 두 번째 문제가 등장했다.

앞의 '7427466391'은 사실 '오일러의 수'였다. 두 번째 창에는 이 오일러 수에서 그 합이 49가 되는 숫자의 나열 중 다섯 번째 수를 구하라는 새로운 문제가 나타났다. 대부분의 사람이 여기서 좌절하고 웹페이지를 닫았다. 그러나 이에 굴하지 않고 문제를 푼 사람은 어떻게 되었을까? 이 답까지 모두 구하면 최종적으로는 구글의 채용 사이트로 접속되고 여기까지 접근한 사람에게 구글에 입사할 수 있는 자격이 주어졌다. 이처럼 관찰과 호기심, 끈기라는 내적 동기를 가진 이들을 발굴하기 위해 구글은 기존의 채용 방식이 아닌 새로운 방식을 고민하고 도입하여 채용 방식의 전환을 이루어냈다. 구글은 그해 전 세계 최고의 인재를 선발할 수 있었다고 한다. 4차 산업혁명 그리고 파괴적 혁신을 위해 이처럼 채용 방식의 변화부터 기업의 전략, 조직, 일하는 방식, 비즈니스 모델에 이르기까지 모든 것이 변화되고 재정립되어야 하는 것이 4차 산업혁명에서 기업이 해야 할 일이다. 그저 4차 산업혁명이 인공지능 기술 같은 것이니 우리 기업과는 상관없다는 식의 사고방식은 매우 위험한 발상이다.

구글 채용의 사례를 살펴보았는데, 특히 우리가 여기서 주목할 점은 '호기심', 그리고 외적 동기 부여가 아니라 철저히 '내적 동기 부여'라는 점이다. 만약에 광고판에 이 퀴즈를 풀면 얼마를 주겠다든지, 어떤 자격을 부여하겠다 등의 문구가 있어서 접속 행위를 유발했다면 이는 외적 동기 부여에 의한 것이지 인간의 내적 동기 부여에 의한 행동이 아니다. 호기심과 내적 동기 부여는 조직에 있어서 창의성의 매우 중요한 요소가 되기 때문에 외적 동기 부여에 의한 사람들을 배제하겠다는 의지가 구글 채용 방식에 담겨 있다고 볼 수 있다. 창의적이고, 내적 동기 부여가 충만한 인재를 뽑겠다는 구글의 채용 철학이 이처럼 채용 과정에 고스란히 스며들어 있는 것이다.

이뿐만이 아니다. 4차 산업혁명 시대에는 모범생보다는 괴짜를 뽑아야 한다. 예를 들어 초등학교를 중퇴한 에디슨이 국내 굴지 기업에 입사가 가능한지를 보면, 현 채용 구조 속에서는 초등학교 중퇴라는 이유로 입사가 수월치 않을 것이다. 바로 이것에 우리는 주목할 필요가 있는데, 어떠한 채용 방식을 통해 에디슨 같은 괴짜를 회사로 영입할 것인지는 기업이 고민해야 할 매우 중요한 사항이다. 보편적이고 일반적이고 전통적인 채용 방식으로는 도저히 에디슨은 입사가 불가한데, 아이러니하게도 에디슨 같은 인재가 결국 회사에서 좋은 의미의 사고(?)를 치고 파괴적 혁신을 창출할 수 있다.

이를 숙제를 잘하는 기업과 출제를 잘하는 기업으로 설명해볼 수 있겠는데, '숙제를 잘한다는 것'과 '출제를 잘한다는 것'의 의미는 무엇일까? 여기서 '출제'는 세상 및 시장을 구상하고 창조해가는 제품의 출시를 의미하고, '숙제'는 누군가가 출제해놓은 것을 빨리 추격해서 개발, 출시하는 것을 의미한다. 휴대폰의 사례를 들어보자. 한때 휴대폰의 카메라 화소 경쟁이 심할 때가 있었다. 어떤 기업이 이러한 상황에서 더 좋은 화소를 위해 그리고 경쟁사보다 더 빠르게 출시하는 것을 고민한다면 이는 출제를 하는 것이 아니라 숙제를 하는 것이라고 볼 수 있다. 왜냐하면 무엇(what)에 대한 고민이 필요 없이 어떻게(how) 더 빨리 만들어 출시할 것인가에 초점이 맞추어져 있기 때문이다. 반면에 어떤 기업이 휴대폰의 카메라 화소에 초점을 맞추기보다 미래의 휴대폰에 대해 고민하고 새로운 휴대폰의 모습을 구현해간다면 그 기업은 숙제를 한다기보다는 오히려출제를 하는 기업이라고 보아야 한다. 바로 스마트폰의 등장이 대표적인 사례가 될 수 있다. 애플은 출제를 한 것이고, 다른 기업들은 출제된 애플의 스마트폰에 기반해서 어떻게 신속하게 기술을 개발해서 추격할 것인지에 초점을 맞춘 것으로, 일종의 숙제를 푸는 과정을 반복하는 것이라고 볼 수 있다.

또 다른 사례로 마차(馬車)의 예를 들어보자. 당신이 마차를 만드는 기업의 CEO라면 경쟁 우위를 점하기 위해 어떤 제품을 출시하겠는가? 일반적으로는 고객조사, 정교한분석, 동종 업체들의 개발 동향을 예의주시하면서 속도, 편의성 면에서 더 나은 마차를 구상할 것이다. 하지만 이러한 마차 제품은 안타깝게도 숙제를 잘하는 기업의 수준을넘어서지 못한다. 물론 이 정도의 노력도 하지 않는 기업은 바로 도태되고 말 것이다. 그렇다면 출제를 하는 기업은어떠한 고민을 할까? 출제하는 기업은 마차의 기능 향상에초점을 맞추지 않고 운송 수단의 근본적인 변화를 보다 고민하며, 마차가 아닌 전혀 다른 제품의 콘셉트 혁신을 통해 '자동차'라는 제품을 구상하고 세상에 출시할 것이다. 따라서 마차라는 틀 안에서 숙제를 하는 기업과 마차가 아닌 새로운 틀을 제시하고 출제하는 기업은 근본적으로 DNA가 다르다고 볼 수 있다.

숙제를 잘하는 기업에는 소위 개미형 인재가 적합하다고 볼 수 있다. 개미형 인재는 근면, 성실로 대변되는 근대 산업 사회의 상징이다. 즉 조직 내에서 열심히, 묵묵히 최선을 다해 일하고, 조직에 잘 적응하는 것이 미덕이 되어 있었으며, '빨리빨리' 등의 독특한 조직 문화를 바탕으로, 일사불란한 조직 운영에 적합한 인재상이다. 지금까지의 산업혁명에서 필요했던 인재 모습이다. 그런데 이러한 인재상이 창의와 혁신을 일으키는 출제를 하는 기업의 인재상에는 적합하지 않다. 이제는 오히려 거미형 인재가 필요하고, 괴짜가 절실한 시대이다. 이들이 기업의 운명을 좌지우지할 것이다.

그렇다면 거미형 인재는 어떤 인재일까? 거미형 인재는 개성과 창의력을 바탕으로 미래 세상을 그려가면서 거미줄을 치고 먹이를 기다리는 선제적 스타일이라 볼 수 있다. 애플의 스티브 잡스의 경우도 거미형 인재로 분류될 수 있

개미형 인재	거미형 인재
아날로그형	디지털형
집단생활(협동, 근면)	단독생활
개인차 없음	개성과 창의력, 스피드
경험, 기술력, 근면성	전략과 사전준비(거미줄)
근대 산업 사회의 상징	먹이를 기다림(두뇌 집약)
후발 주자의 추월 어려움	선발, 후발 의미 없음

표 1-5 개미형 인재 vs 거미형 인재

다. 스티브 잡스가 창의력을 바탕으로 미래 세계를 상상하며 만든 스마트폰은 사람들의 라이프 스타일을 변화시켜가면서 새로운 세상을 구현하지 않았는가? 독특한 개성과 창의력으로 무한 상상의 나래를 펼쳐가며, 세상의 수요를 새롭게 창출해가며, 미래 사회를 선점하고 리드해가는 인재가 바로 거미형 인재이다.

이제 경영 현장에서는 과거의 인재상에서 벗어나 새로운 인재상을 위한 대대적인 변화를 추구해야 하며, 에디슨 같은 괴짜 인재를 뽑을 수 있는 채용 구조를 갖추어야 한다. 그래야 파괴적인 혁신을 이끌어 갈 수 있을 것이다. 아울러 이러한 괴짜들이 기업에서 아이디어를 제시하고 실천하고 마음껏 뛰어놀 수 있는 구조가 형성되어야 할 것이다. 미래는 이러한 괴짜가 창의와 혁신을 이끌 것이기 때문이다. 개미형 인재와 숙제하는 기업으로는 승부를 볼 수 없는 것이 너무나도 명확하다. 당신의 기업에는 괴짜가 얼마나 있는가? 당신의 기업은 출제하는 기업인가, 숙제하는 기업인가? 이 질문에 답할 수 있어야 한다. 괴짜와 출제하는 기업이 새로운 세상을 만들어가고, 파괴적 혁신을 일으키기 때문이다.

5. 심플의 미학

지금 우리가 살고 있는 사회는 그야말로 과잉의 시대이다. 수많은 정보의 홍수 속에서 무엇을 취하고 버려야 하는지, 기업경영에 있어서 무엇이 중요한 신호(signal)이고, 어떤 것이 불필요한 소음(noise)인지 헷갈리는 시대에 살고 있다. 이와 더불어 기업 조직은 과거에 비해 비대해지고, 각종 프로세스 및 매뉴얼 등으로 매우 복잡해지고, 성과 지표 등도 다양해지면서 조직 구성원들은 눈코 뜰 새 없이 바쁘게 움직인다. 이러한 복잡 다단한 시대 환경 속에서 '진정한 파괴적 혁신'을 위해 우리가 예의 주시해야 할 것은 아이러니하게도 바로 '심플경영(simplicity management)'이다.

글로벌 경영 컨설팅 기업인 BCG 보고서에 따르면 조직의 복잡성이 상위 20% 안에 드는 기업의 관리자들은 근무 시간의 40% 이상을 보고서 작성에 허비하고, 업무 조율을 위한 협의에 30~60%의 시간을 할애한다고 한다. 따라서 복잡한 조직은 열심히 일을 하면 그것이 혁신적인 성과로 이어질 것이라고 오산하면 안 된다. 이렇게 복잡하고 바쁜 일정이 오히려 기업의 경영 성과와 혁신을 저해한다면 대대적인 변화를 모색해보아야 한다. 비즈니스 환경은 겉으로 보기에는 매우 복잡하게 보인다. 그러나 복잡한 구조의 본질을 꿰뚫어본다면 핵심에 초점을 맞출 수 있게 된다. 반면에 비즈니스의 본질을 제대로 인지하지 못한 상태에서 경영 활동을 전개하게 되면 겉으로 보기에는 매우 바쁘게 움직이고, 심지어는 열심히 하는 것 같지만, 이는 복잡다단한 비즈니스 환경에 휘말려서 움직일 뿐 본질과 핵심에 접근하지 못한 채 겉도는 형태에 지나지 않는다.

따라서 심플경영은 그냥 단순함이 아니라 비즈니스의 근본적인 본질에 초점을 맞추고, 본질에 위배되는 불필요한 것은 모두 제거하는 매우 준엄하고도 담대한 경영 철학이라고 보아야 한다. 심플경영이라고 결코 가볍게 여겨서는 안 되는 이유이다. 복잡함은 단순화의 최대의 적으로 복잡함으로 인해 오히려 본질을 제대로 바라보지 못하게 되는 경우가 너무 많다.

혁신적인 기업 중 하나인 애플의 '심플경영'을 살펴보면, 우선 애플은 90년대 후반 20여 개의 제품에서 4개의 제품으로 단순화하는 제품 포트폴리오 전략을 구사하며 경영 에너지를 집중했다. 여기서 중요한 점은 제품에 있어서 애플은 여타 기업과는 달리 애플이 만들 수 있는 제품을 시장에 내놓는 것이 아니라, 애플이 만들기를 선택한 제품을 내놓다는 점이다. 대다수 기업들은 대부분 만들 수 있는 제품을 출시하면서 이러한 제품이 누적되고 매출을 확대하고자 제품 다양화를 하는 과정을 거친다. 다양한 제품별로 매출이 발생되는 것은 어떤 측면에서는 좋아 보일 수도 있는데, 보다 종합적인 관점으로 바라보면 기업 전체적으로 각 부서별로 더욱 바빠지고, 관리할 것이 많아지면서 기업 내 자원 및 에너지는 오히려 분산되는 경우가 허다하다. 매출이 증가한 것에 안도하지 말고 과연 이러한 구조가 바람직한지 진지하게 고민할 필요가 있다. 잘 팔릴 수 있는 제품, 소비자에게 감동을 주는 제품을 출시하여 제품은 몇 개 안 되더라도 제품당 매출의 극대화가 이루어지고 소비자가 충분한 가치를 누리게 되는 구조가 되면 조직 운영은 보다 단순화될 것이다. 이러한 제품 다양화 유혹은 기업의 복잡성을 키우게 되며, 이는 제품 과잉 보유와 경영 에너지 자원 낭비를 초래하게 된다.

또한 심플경영은 경쟁사와의 '차별화 및 차이'에 관심을 두는 것이 아니라, 사회와 고객에게 어떠한 '가치'를 제공할 것인지에 대해 올인한다. 이는 기업 존재의 이유와 운명과 직결되는 중요한 것임에도 불구하고 많은 경우 기업은 '경쟁사는 무슨 제품을 만드는가' 등의 기존의 익숙한 질문에 기반해 경쟁전략을 수립한다. 그러나 이는 기업이 시장에 '가치를 판다'는 관점보다는 '제품을 판다'는 차원에 머물게 되어 경쟁사보다 나은 제품을 만들 수 있지만, 그렇다고 고객에게 최상의 경험을 제공하는 것은 아니다. 가치가 아닌 제품을 파는 기업은 혁신적이고 지속적인 성장에 있어서는 한계에 부딪히게 될 가능성이 크다. 따라서 심플경영은 '왜 우리기업이 존재하는가?'라는 근본적이고도 저돌적인 질문을 던지는 것이고, 비즈니스의 본질과 철저한 생각의 통찰을 바탕으로 제품 또는 서비스를 통해 고객에게 전달하는 것이다.

기업은 심플경영을 통해 고객으로 하여금 기업이 지향하는 가치에 기꺼이 지갑을 열게 하며, 환호하는 팬을 만들어야 한다. 따라서 진정한 혁신을 위해서는 시선을 고객 및 고객의 가치에 철저히 두어야 한다. 이러한 가치에 기반한 심플경영은 비단 고객에게 최상의 감동을 전달할 뿐더러 조직 구성원들에게도 '나는 왜 이 일을 하는가?'라는 질문에 해답을 제시해주고 일의 의미를 살피게 해줌으로써 강한 내적 동기를 부여하게 된다. 구글 직원이 일에 열광하는 이유와 일맥상통한다. 기업이 지향하는 가치와 조직 구성원이 일하는 의미와 가치가 합일되면 함께 신나게 일을 할 수 있는 원동력이 된다.

이처럼 심플경영은 조직 운영에 있어서 앞서 이야기한 가치에 부합하지 않는 불필요한 것과 복잡한 것은 다 제거하는 것이다. 어떠한 기업의 경우에는 일의 절차가 그 일 자체보다도 더 어렵고 복잡하기도 하다. 일본에서 라인(Line)을 메신저 1위로 만든 모리카와 아키라는 나이, 경력, 직무에 상관없이 고객 니즈에 부응하는 열정과 능력을 지닌 사람이 주도권을 잡고 이 원칙에 위배되는 것은 철저히 배제하는 매우 심플한 원칙을 고수했다. 조직 운영의 원칙은 단순하면 단순할수록 좋다. 단순해야 조직 구성원들이 무엇을 해야 하고 하지 말아야 하는지가 더욱 명료해지기 때문이다. 회사는 바로 이러한 터전을 조직 구성원에게 마련해주어야 한다. 그래야 조직 구성원이 핵심에 몰입하고,

바빠도 의미가 있고 보람찬 선순환 구조를 만들 수 있기 때문이다.

복잡함은 과잉이고 결코 명품이 아닐뿐더러 조직의 성과 및 파괴적 혁신을 지향하는 기업에게는 어마어마한 걸림돌이 된다. 이제 기업은 파괴적 혁신에 기반한 고객 감동, 조직 구성원의 동기 부여와 업무 몰입 제고를 위해 심플경영의 새로운 시각과 프레임으로 새롭게 대도약을 해야 하는데 이러한 단순함의 극치를 보여주는 것이 바로 예술에서의 추상이라는 개념이다.

추상은 사물의 가장 본질적인 것만을 드러나게 하고 나머지를 과감하게 다 버리는 것이다. 미래 사회는 바로 복잡한 현상에 대해 어떤 관점으로 핵심과 본질을 바라볼 수 있느냐가 매우 중요한데, 예술 속에서 이러한 생각의 렌즈를 갖추어 가는 것이 필요한 세상이다. 바로 단순함의 미학을 실천하는 아트경영의 모습이다. 추상에 대해서는 뒤에서 더 자세히 이야기하겠다.

2장

인간 본능과 예술, 그리고 놀이

1. 인간 본능, 본성에의 위배

지금까지 우리는 패러다임의 대변혁 속에서 아트경영이 갖는 가치와 의의에 대해 음미해보았는데, 이제는 인간의 본성과 본능의 관점에서 예술을 바라보고자 한다. 인간과 예술은 어떠한 관계가 있는 것일까? 인간 본성에 기반한 경영의 의미와 아트경영이 어떻게 접목되는지에 대해 알아보고자 한다. 즉 인간에 대한 이해가 필요하다. 이전의 산업혁명 시대에는 인간에 대한 이해가 제대로 이루어지지 않았고, 인간을 주체가 아닌 객체, 대상으로 여겼기에 인간에 대해 우리가 잘못 알고 있는 것이 매우 많다. 이렇게 인간에 대해 피상적으로 이해하거나 잘못 이해하면서 경영을 한다면 시장에서 참패할 수밖에 없을 것이고, 조직 구성원으로 하여금 진정한 동기 부여를 일으키게 하지 못할 것이다.

소설 『안나 카레니나』에 "행복한 가정은 모두 비슷하지만, 불행으로 가득 찬 가정은 나름대로의 이유 때문에 불행하다"라는 문장이 있는데, 이는 비즈니스에서도 동일하게 적용될 수 있을 것이다. 실패한 기업, 실패한 경영에는 수만 가지의 이유가 있겠지만, 기업이 성공하고, 경영이 성공하기 위해서는 단 한 가지의 원칙만 잘 지키면 된다고 『경영자 본능』의 저자 니겔 니콜슨(Nigel Nicholson)은 강조하고 있다. 그 한 가지가 무엇일까? 그것은 인간의 본능을 존중하는 인간 중심의 경영이다.

기업 조직에서 부자연스러운 난센스와 경영상의 고정관념을 깨뜨릴 수 있다면, 좀 더 단순한 방식으로, 더 자연스러운 방식으로 운영할 수 있다면 자연스러운 경영이 될 것이라는 것이 니콜슨의 주장이다. 인간은 어떤 동기를 가지고 생각하고 행동을 하는지 진정으로 이해함으로써, 인간의 본성에 부합하는 제품과 서비스 그리고 인간의 본성에 부합하는 기업경영이 무엇인지에 대해 심도 있게 생각할 필요가 있다.

앞에서도 언급한 바와 같이 인간은 합리적인 존재라고 생각하기 쉬우나, 실제로 비이성적이고 비합리적인 행동과 결정을 하는 경우가 매우 많다. 왜 이런 현상이 일어날까? 왜냐하면 본능은 경제적이지 않기 때문이다. 사회인류학자인 비키 쿤켈(Vicki Kunkel)은 자신의 저서인 『본능의 경제학』에서 아무도 말해주지 않고 아무도 인식하지 못하지만 인간 행동의 대부분을 차지하는 요인이 바로 본능이라고 말한다.

기존의 산업혁명은 인간을 어떻게 이해하고 대했는가? 산업혁명, 과학기술에 힘입어 산업화는 급속하게 진행되었으며, 효율과 생산, 합리성의 좌뇌가 지배하는 프레임에 우리는 적응할 수밖에 없었다. 이러하다 보니 경영은 '통제'와 '관리'라는 관점에서 다루어지게 되었다. 이뿐만이 아니라 구성원 또한 생산 활동을 수행하는 객체로 인지되고, 때에 따라서는 생계유지를 위해 행복하지 않은 일을 하게 되어 인간에게 있어서 일의 의미도 퇴색되어버리고 말았다. 즉 인간을 객체로 인식하며, 외적 동기 부여에 의한 생산성 향상을 유도하는 경영 환경이 조성되었다.

그렇다면 인간은 본능적으로 통제되고 관리받는 것을 좋

아하는 것인가? 일을 억지로 하는 것을 좋아할까? 외적 동기 부여에 의해 인간의 마음이 작동되는 것일까? 이러한 의구심이 생길 수밖에 없으며, 우리는 이러한 질문을 그냥 지나쳐서는 안 된다. 그냥 지나친다는 것은 이미 기존의 틀에 익숙해져 있기에 보이지 않는다는 의미이다. 그러나 앞서 이야기한 질문에 대한 답은 '그렇다'가 아니라 '아니다'이기에 인간 본성에 위배되는 것이며, 이는 지속성을 지니기가 어려운 것이다. 다만 이러한 인간의 본성이 기존의 산업혁명과 사회 속에서는 가려지게끔 된 것이라는 것을 인식할 필요가 있다.

구글 글래스와 셀카봉의 사례를 통해 인간 본능에 위배되는 것의 의미를 보다 구체적으로 파악해볼 수 있다. 스마트폰을 사용하려면 손을 쓰고, 눈을 써야 화면을 바라보고 관련된 여러 가지 서비스를 활용할 수 있는데, 이처럼 손과 눈을 써야 하는 스마트폰의 불편한 점 등을 극복하기 위해 획기적으로 만든 제품이 구글 글래스이다. 당신은 그럼 스마트폰의 불편함을 해소하기 위해 최첨단 기술을 동원한 구글 글래스를 사용하고 있는가? 대부분은 스마트폰을 사용하지만 최첨단 기술을 이용하여 만든 구글 글래스를 사용하는 사람은 매우 드물 것이다. 왜 이러한 현상이 일어날까? 반면에 한창 유행하고 있는 셀카봉은 누구나가 한 번쯤은 사용해본 경험이 있고, 셀카봉이 지닌 가치에 대해 잘 알고 있을 것이다.

일반적인 생각으로는 최첨단 기술을 접목한 구글 글래스가 폭발적인 인기를 누려야 함에도 불구하고, 오히려 기술적으로는 매우 취약한 셀카봉에 환호하고 사람들이 본인의 표정과 몸짓을 찍으며 좋아하는 이유는 무엇일까? 잠깐 생각해보면 어떤 것이 떠오르는가?

여러 요인 중에서 필자가 강조하고 싶은 것은 바로 '눈에 대한 해석'에서 차이가 난다는 점이다. 인간의 눈? 그렇다. 인간의 눈에 대해서 생각해보자. 인간의 눈은 본능적으로 무엇일까? 인간에게 눈은 반응하는 존재가 아니라 표현하는 존재로서의 눈이 진정한 인간의 본능인 것이다. 더군다나 인간의 눈은 렌즈가 아니라 세상을 밝히는 빛이다. 이것이 인간에게 있어서 눈의 의미이다.

그럼 구글 글래스가 범한 오류는 무엇일까? 구글 글래스는 인간 시선의 허락 없이 정보가 띄워짐으로 인해서 신성하고 고귀한 인간의 눈을 '세상을 밝히는 빛을 잃은 멍청한 눈(?)'으로 만들어버리는 측면이 있다. 인간의 눈은 렌즈가 아닌데도 말이다. 인간의 본성에 위배되는 아이러니한 현상이 나타나는 것이다. 바로 인간의 눈을 객체화하고 편의성과 하이테크로서 접근해서 개발했지만 정작 인간의 본성에는 부합하지 못한 것이다.

따라서 구글 글래스는 인간의 본성에 부합하는 제품으로 거듭나는 노력이 필요하다. 반면에 셀카봉은 보고 싶어 하는 적극적 존재로서의 눈으로 자신의 몸짓과 표정을 보고 싶고 그것을 느끼는 과정 속에서 기뻐하고 환호하는 인간의 본성을 활용한 제품이다.

결국 두 제품은 인간의 눈에 대한 해석을 어떻게 내리느냐에 따라 그 결과가 달라짐을 보여준다. 따라서 아무리 최첨단 하이테크 기술일지라도, 아무리 많은 돈을 연구 개발에 투자한다 하더라도 인간 본연의 모습과 감성에 부합되지 않는 기술은 무가치하다고 보아야 할 것이다. 따라서 연구 개발비 투자에 따른 투자수익률(Return on Investment: ROI)이 0이 될 수 있음을 명심해야 할 것이다. 당신이 구글 글래스 같은 제품 개발에 대한 투자를 결정하는 권한을 가진 자리에 있다면, "기술적 우위에 대해서는 충분히 이해하지만 구글 글래스 제품은 '인간의 눈'에 대해서는 어떠한 해석을 하고 어떻게 정의하는 것인가?"와 같은 질문을 던질 수 있는 경영진이 되어야 할 것이다.

특히 이러한 질문은 통섭과 융합의 시대에서 더욱 그 중요성이 커지고 있다. 단순히 인문학적인 지식, 예술적인 지식을 가지고 있다고 해서 경영 혁신이 이루어지지 않는다. 앞서 언급한 역사적으로 인간의 눈의 의미를 인문학적인 지식수준에서 끝나는 것이 아닌 경영 현장과 경영 전략 수립에 적용하여 이전과는 완전히 다른 파괴적 생각과 창의를 꽃피우도록 해야 한다. 따라서 앞으로는 다음의 두 가지 핵심 질문을 던지는 지혜를 발휘해야 한다.

- 출시하고자 하는 신제품/서비스는 인간 본능에 부합하는가?
- 기업경영에 있어서 조직 운영은 인간 본능에 부합하는가?

2. 4차 산업혁명과 우뇌의 시대

우리는 가끔 좌뇌형인지 우뇌형인지에 대한 이야기를 나누곤 한다. 아주 간단한 두 가지 실험을 통해 우뇌형 인간인지 좌뇌형 인간인지 구분하기도 한다. 첫 번째는 무의식적으로 팔짱을 껴보도록 하자. 왼팔이 바깥에 있으면 우뇌형이라고 볼 수 있다. 두 번째는 양손으로 팔가락지를 만들어 보자. 엄지손가락의 위치를 보면, 왼손 엄지가 오른손 엄지 위에 있으면 우뇌형 인간으로 볼 수 있다. 당신은 우뇌형인가 좌뇌형인가?

그럼 언제부터 좌뇌, 우뇌의 구분이 시작되었을까? 우리 뇌가 좌우 반구로 되어 있고 둘 사이는 몇 개의 신경다발로 연결되어 있다는 것은 신경해부학이 싹튼 19세기 말부터 알려지기 시작했고, 좌우 뇌의 기능이 다르다는 것 역시 이 시기에 밝혀졌다.

관련 자료들에 의하면 1861년 프랑스의 신경해부학자인 폴 브로카(Paul Broca)와 독일의 카를 베르니케(Karl Wernicke)는 언어의 이해와 생성을 담당하는 부위가 좌뇌에 위치한다는 것을 발견했고, 1960년대에는 난치성 간질 환자에게 뇌량(corpus callosum)을 잘라 좌우 뇌를 분리하는 시술이 행해지기 시작했다고 한다. 노벨 의학상 수상자인 로저 스페리(Roger Sperry)는 제자 마이클 가자니가(Michael Gazzaniga)와 함께 이런 환자들을 집중적으로 연구했는데, 이들 실험에 의하면 좌우 뇌가 분리된 환자의 오른쪽 시야에만 물체를 보여주면 쉽게 이름을 댈 수 있지만, 왼쪽 시야에만 보

좌뇌	우뇌
말과 계산 등 논리적인 기능	음악과 그림 등 이미지를 떠올리는 기능
이름기억, 단어사용 등 언어적 학습에 유리	얼굴기억, 경험 등 비언어적이며 활동적인 학습에 유리
논리적인 생각과 사고로 문제해결	직관적 판단에 의해 문제해결
추리를 통한 학습, 수학 학습에 유리	기하학적 학습, 공간적·시각적 과정을 통한 학습에 유리
이성적, 사실적이며 현실적인 것 선호	감성적, 창조적이며 새로운 것 선호
논리적, 분석적	창의적, 직관적, 시공간적
남성적, 공격적	여성적, 신비적, 예술적

표 2-1 좌뇌와 우뇌 비교

여주면 그것이 무엇에 쓰는 물건인지를 잘 알면서도 이름을 대지 못했다고 한다. 이는 오른쪽 시야에 비춰진 영상은 왼쪽 뇌로 해석되고, 왼쪽에 보인 영상은 오른쪽 뇌로 해석되며, 결국 동일한 시각 자극에 대해 좌우 뇌가 다른 식으로 처리한다는 증거가 되는 것이다. 수년에 걸친 실험을 통해 이들이 내린 결론은, 좌우 뇌는 독자적인 의식을 갖고 있다고 해도 될 정도로 기능이 분리되어 있다는 사실이다.

그렇다면 산업혁명 시대에 있어서 어느 부위의 뇌가 주로 부각되었을까? 한마디로 표현하면 지금까지의 산업혁명에서는 좌뇌의 압승이라고 볼 수 있다. 논리적이고, 이성적인 좌뇌를 기반으로 한 효율성과 생산성 제고는 기업경영에 있어서 매우 주요한 역할을 해왔다고 볼 수 있다. 산업혁명의 과정 속에서 인간의 육체는 기계로 대체되면서 인간의 새로운 역할이 대두되고 이 과정에서 좌뇌의 우위, 좌뇌의 시대가 찬란한 성장을 이루었는데, 문제는 인공지능 등의 등장으로 인해 인간의 좌뇌가 대체되기 시작하게 되었다는 점이다.

즉 기계적 합리성에 있어서 인간이 컴퓨터를 이길 수 없게 되는 세상이 도래하고 있다. 육체에 이어 이제 좌뇌를 기계에 내주게 되면서 인간에게 남은 유일한 부분은 어디인가? 바로 우뇌이다. 좌뇌의 인지지능이 우뇌의 감성지능에게 왕관을 넘겨주는 시대가 도래하고 있다. 좌뇌로부터 억압받아 오던 우뇌의 해방(?)인 셈이다.

그렇다면 우뇌를 활성화하기 위한 좋은 방법은 무엇일까? 그것은 다름 아닌 예술이다. 2013년에 한국문화예술교육진흥원과 서울대학교 병원은 아동을 대상으로 문화예술교육 전후의 인지기능 및 뇌 구조, 뇌 기능의 변화를 측정하는 연구를 실시했는데, 그 결과 예술이 뇌 영역 발달에 영향을 준다는 점이 밝혀졌다. 이 연구는 예술 활동이 사람의 사회성, 정서, 인지, 행동 등의 향상을 가져온다고 결론을 내리고 있다. 결국 우뇌의 시대에 있어서 예술은 빼놓을 수 없는 핵심적인 사항이다. 위대한 예술을 국가경영, 기업경영, 학교 교육에 이르기까지 어떻게 녹여낼 것인지가 중요하다.

3. 인간의 본능과 예술철학

인간은 예술 활동을 하면서 희열을 느끼기도 하고, 예술 작품을 보면서 감동하기도 한다. 반면 예술이라는 단어만 들어도 내 인생과는 전혀 상관없고, 시간 남고 돈이 있는 사람들이 누리는 것으로 생각하는 사람도 많다. 그렇다면 인간에게 있어서 예술은 어떤 의미를 지니는 것일까? 인간에게 있어서 예술은 왜 존재하는가? 예술이 없어도 되는 것일까?

김태희의 저서 『예술의 힘』에서는 우리의 일상생활 속에서 인간과 예술의 관계가 매우 밀접함을 다양한 사례로 보여주고 있는데, 인간은 태어나면서부터 예술과 함께 생활하고 호흡하게 된다고 한다.

어찌 보면 엄마라는 존재는 최고의 예술가가 아닐 수 없다. 엄마는 본능적으로 '예술이 넘치는 환경'을 만들어낸다. 어미가 되는 순간 엄마는 최고의 가수이자 음악가로 변신해 아기를 재울 때, 달랠 때, 말을 가르칠 때, 음치건 박치건 상관없이 수많은 노래를 기억해내 불러보기도 한다. 또한 뛰어난 연출가이자 배우로서 지내기도 하는데, 수많은 상황극을 연출하고, 병원놀이의 환자가 되고 슈퍼마켓의 손님이 되기도 하고, 춤을 추는 무용수가 되기도 하며 아이들을 위해 무언가를 그리고 만들어내는 화가가 되기도 한다. 육아일기를 쓸 때면 왠지 눈물부터 나는 감성 가득한 시인이 되기도 하기에 엄마는 가장 훌륭한 예술가이며, 가정은 아이와 엄마의 노래와 춤, 그림들로 가득 차서 무언가를 더하거나 채울 필요가 없는, 이미 예술이 충만하게 넘치는 것이다. 생활이 예술 그 자체라는 의미이다.

이뿐만이 아니다. 아이들은 어떠한가? 아이들은 사소한 물건을 가지고 그렇게 재미있게 논다. 페트병이 로켓이 되기도 하고, 기둥이 되기도 하는 등 예측할 수 없는 상상이 발휘되며 흥미로운 놀이가 되면서 그 자체가 예술이 된다. 아기들도 배부르고 몸의 기운이 충만하면 노래를 하고, 춤을 추고 그림을 그리고 무엇인가 만들며 즐거워한다. 아이들은 상상으로 이야기를 만들어내고 즉흥적으로 노래를 부르고 무엇인가를 그리는 것을 즐긴다. 이러한 행동은 과거 선사시대 사람들의 노래, 신화, 회화, 조각, 무용 등에서도 나타난다. 문명사회의 지성인들도 이와 유사한 예술 활동을 하고 있지 않은가? 이처럼 인간의 생활은 예술 활동이자 놀이 활동으로서 떼려야 뗄 수 없는 인간의 생활 그자체이다.

예술의 기원 측면에서 살펴보면 이처럼 예술은 사람이 정서적으로 스스로를 즐겁게 하고자 하는 본능에서 시작된 행위이다. 내적 에너지를 발산하고 즐기기 위해 놀이를 위한 도구를 만들거나 놀이 행위를 통해 만들어진 산출물이 예술로 전개되었다는 것이 바로 유희설(遊戲說)인데, 인간의 예술 활동은 생명의 충동이며 발현이라고 할 수 있다. 생명의 충동으로서 예술 활동은 일종의 놀이이자 유희이며, 즐거움 그 자체인 것이다. 왜냐하면 유희는 행위를 통해서 다른 목적을 추구하지 않고, 행위 그 자체를 즐기고 느끼는 행위이기 때문이다.

독일 고전주의를 대표하는 극작가이자 시인이며 예나 대학교의 역사철학 교수였던 프리드리히 실러(Friedrich von Schiller)는 "문자 그대로 사람인 한 그는 유희하고, 유희를 즐기는 한 그는 완전한 인간이다"라고 함으로써 유희를 인간의 본능적 충동이라고 규정하고 예술이 인간의 유희충동에 기반한다고 본다.

인간에게 있어서 본능과 예술에 대해서 이야기할 때 빼

놓을 수 없는 이러한 실러의 생각에 대해 충북대 김승환 교수의 책 『인문천문 목요학습』의 일부를 다소 길게 인용하고자 한다. 이 글을 통해 예술과 인간에 대한 의미에 대해 더욱 또렷하게 이해할 수 있을 것이다.

휘영청 밝은 달 사이로 노랑 감잎이 떨어지는 가을밤, 떠들썩한 소리가 그치지 않았다. 이 시끄러운 소리에 잠을 깬 P는 화난 얼굴로 방문을 열고 "잠을 자야겠으니 그만하시라"고 말을 했다. 그러자 L은 웃으면서 놀이를 해서 P가 이기면 이 시끄러운 놀이를 그만두겠다고 제안했다. 이렇게 하여 P는 '가위바위보 놀이(rock-paper-scissors)'에 참가하게 되었다. 이때 독일 고전주의 시인 프리드리히 실러가 나타나서 어린아이같이(childlike) 즐거워하는 모습을 보고, "놀이하는 인간이 절대적 자유를 누리는 완성된 인간"이라고 말하고 사라졌다. 시간과 공간을 넘어서 놀이의 현장에 온 실러의 말은, 인간이라는 종(種)의 고귀하고 아름다운 본질이자 실재가 바로 유희충동에 따라서 놀이하는 인간이라는 것이다.

실러는 1795년 『미학편지』에서 인간에게는 유희충동, 즉 놀고 싶은 욕망이 있다고 주장했다. 그가 말하는 유희충동은 인간에 내재한 본질인데, 이성과 감성으로 대표되는 인간의 본질적 두 심성이 어떻게 만나는지를 설명하는 이론이다. 또한 미학으로 사회를 개혁하고 미적 국가를 건설할 수 있다는 순수예술론적 정치미학이다. 실러에 의하면 인간에게는 시간과 공간 속에서 변화하는 한시적 존재의 감각충동(sense drive)과 변화하지 않는 무한한 존재의 형식충동(form drive)이라는 두 속성이 있다.

첫째, 감각충동은 인간이 시간의 조건에 놓이고자 하는 욕망이다. 이 욕망 때문에 인간은 육체적으로 존재하는 것이며 한시적인 시간에 살면서 현상적 존재가 되는 것이다. 그래서 인간은 감각적이 되고 또 물질적이 된다. 둘째, 형식충동은 인간이 시간과 공간을 초월하여 절대적으로 존재하고자 하는 욕망이다. 이 욕망 때문에 인간은 무한한 시간에서 초월적 존재가 되는 것이다. 그때 이성적이면서 도덕적인 인간 존재가 무한으로 표현된다. 두 충동은 서로 충돌하고 경쟁하면서 한 인간을 구성하는데, 치우치지 않는 균형의 상태가 바람직하다. 또한 두 충동이 변증법적으로 통합하여 유희충동, 즉 놀이의 욕망이 발현하면 진정한 아름다움인 삶의 형식(living form)이 가능하다. 이처럼 놀이·유희는 감성과 이성, 수동성과 능동성, 본능과 도덕,

휴식과 행동의 매개자이다.

이 두 충동이 조화하는 지점에서 인간은 완성된 인간이 되고, 자유의 존재가 되며, 무한의 유한한 실체이자, 변화하면서 변하지 않는 절대적인 존재로 합일한다. 그러니까 아폴론적 이성을 추구하는 형식충동과 디오니소스적 감각을 추구하는 감각충동이 합일하여 조화를 이루는 그 지점에 유희와 놀이가 놓여 있는 것이다. 그런데 동물적 놀이를 넘어서 미적인 놀이에 이르면 인간은 도덕적이면서 창의적이고 총체적인 인간으로 변한다. 실러가 말하는 총체성은 이성과 감성이 조화를 이루면서 형식과 감각이 합일하는 전인(全人)의 상태다. 그때 가장 완전하고 아름답고 고상한 인간으로 승화한다.

이성과 감성을 비롯한 인간의 여러 능력이 자유유희(free play)를 할 때, 의식은 제로(0)의 상태가 되고 그 초감각적 즐거움의 상태에 도달한다. 가령, 가위바위보 놀이하는 어른들에게는 놀이 이외의 어떤 목적도 없고, 이성적으로 계산하지도 않으며, 감각조차 잃어버린다. 이 유희충동이 발휘되면 인간은 솔직해지고, 독립적이 되는데 동물이나 신은 이런 가상의 유희 또는 미적 놀이를 즐기지 않는다.

김승환 교수의 글에서 알 수 있듯이, 인간의 본능에 내재되어 있는 유희, 그리고 예술의 관계는 떼려야 뗄 수 없는 관계라는 것을 알 수 있고, 인간은 본능적으로 '놀이하는 인간', '예술하는 인간'이라고 봐야 하는 이유이기도 하다.

실러의 관점에서 아름다움의 기본 정신은 심미적 자유이다. 심미적 자유는 타인에 의한 강제성, 현실적인 목적이나 이해타산에서 벗어나 자신의 기질(가능성)을 쫓아 마땅히 그렇게 되어야 할 존재가 될 자유를 누리는 것이다. 현재 자신이 할 수 있는 것에서 더 높은 수준의 것을 지향하고, 자신의 삶의 가치를 찾기 위해 노력할 때 비로소 한 인간이 자유를 누린다고 표현할 수 있다. 심미적 자유의 개념은 꼭 필요한 것 이상의 것 또는 꼭 필요한 것 이상의 것을 하는 것을 지향하는 마음 자체가 아름다운 것을 보여주고 있음을 알 수 있다.

이와 더불어 인간과 예술의 관계에 있어서 진화론적 접근 또한 매우 흥미롭다. 엘렌 디사나야케(Ellen Dissanayake)는 『예술은 무엇을 위해 존재하는가』에서 예술을 사회생물학의 진화론적 입장에서 접근하여 설명하고 있다. 사회생물학은 미국의 생태학자 에드워드 윌슨(Edward Wilson)이 1971년에 제창하고 1975년 『사회생물학』이라는 저서를 통해 시작된 학문이다. 디사나야케는 인간의 생리적 특성과 더불어 인간의 행동적 특성 역시 생물학에 기원을 둔다고 했다. 생리적 구조가 생존에 유리했기에 자연 선택되었던 것처럼 예술 또한 생존에 유리했기에 자연 선택되었다고 보고 있는 것이다. 디사나야케는 시각 예술뿐만이 아니라 음악, 시적 언어, 무용, 공연 예술을 망라해 예술을 생명행동적으로 파악하고 인간 실존의 생물학적 필요성으로 규정하며 인간 종의 근본적인 특징으로 제시한다. 그러하기에 인간이 있는 곳이면 어디나, 언제나, 시대와 장소를 불문하고 인간과 함께 존재한다는 것이다. 마치 어린아이들이 양육자에게 유대감을 보이는 애착 행동을 자연스럽게 하는 것처럼 인간의 성장과 함께 예술 활동도 당연히 발달한다는 의미이다.

기가 막힌 미술 작품을 봤을 때나 음악을 들었을 때의 아찔한 느낌, 무용수가 번쩍 뛰는 모습을 봤을 때, 경이로운 조각상을 손으로 만졌을 때의 형언할 수 없는 느낌은 단순한 기분이 아니라 육체적인 흥분과 쾌감이다. 흥미로운 것은 진화론적 관점에서 비생산적인 것은 도태될 수밖에 없는데 예술은 인간의 습성에서 전혀 도태되지 않았다는 점이다.

이것과 관련하여 디사나야케는 '특별화(making special)'하고자 하는 인간의 욕망을 설명한다. 즉 먹을거리를 찾아 헤매야 했던 선사인들도 자신과 부족을 '특별화'하려고 하는 욕구에 충실해왔다. 예술은 인간에게 신체적, 감각적, 감정적 만족과 쾌감을 제공하면서 인간을 특별화하기에 끝까지 살아남을 수 있었다.

예술과 인간의 관계에 있어서 실러의 유희설 또는 디사나야케의 진화론적 접근 모두 예술은 인간의 본능이라고 볼 수 있고, 예술과 삶을 분리해서 생각할 수 없는 것이다. 예술은 우리의 생활과 삶 속에서 함께 호흡하고 있는 것이라고 볼 수 있다.

인간의 본능적 차원에서 예술과 놀이는 인간 생활 속에서 함께 호흡하는 요소이지 인간의 삶과 놀이가 별개로 작동되고 인간의 생활과 예술이 별도로 존재하는 것이 아니라는 사실은 인간의 본능에 부합하게 하기 위한 기업경영의 접근 관점에서 보면 매우 중요한 것이다. 그런데 지금까지는 이러한 인간의 무의식적인 본능을 외면하고, 기업경영에서 인간을 대상화하고, 회사는 일하는 곳이지 노는 곳이 아니라는 개념을 심는 등 이분법적인 경영 방침, 즉 '경영'을 '관리'라는 차원에서 접근해왔다는 것이다. 이러한 기업경영은 어찌 보면 인간의 본능에 위배되는 방향으로 이루어져왔다고 보아야 한다. 왜냐하면 지금까지의 산업혁명에서는 효율성 및 생산성이 중요한 경영목표였기에 경영을 통제하고 관리하는 방식으로 접근이 되어왔으며, 이 과정 속에서 인간은 주체로 우뚝 서기보다는 대상화되고 객체화되면서 인간의 본성과는 멀어지게 되었기 때문이다.

그러나 미래 사회에서 이러한 접근은 더 이상 유효하기 어렵다. 그 이유는 너무나도 명확한데, 바로 인간의 본성에 위배되기 때문이다. 세상의 대변혁 속에서 그간 억눌려왔던 인간의 본성이 아우성을 치고 있고, 이 아우성에 귀를 쫑긋 세우며 기업경영의 철학을 대대적으로 재건축을 해야하는 상황이다. 기업경영은 인간의 본성에 부합하도록 재구성되어야 한다.

4. 놀이의 위대한 발견, 호모루덴스

인간의 본능에 대해서 조금 더 알아보자. 인간에게 있어서 놀이는 어떤 의미를 지니고 있을까? 놀이는 인간에게 그저 하찮은 것으로 치부되고 취급될 수 있는 것일까? 그렇게 생각한다면 커다란 오산이 아닐 수 없다. 오히려 놀이는 인류의 문명을 이끈 원동력이자 인간의 본성에서 떼려야 뗄 수 없는 중요한 요소이며, 심지어는 놀이를 뺀 인간의 모습은 인간의 존재로서의 의미가 사라질 정도로 놀이는 그냥 놀이가 아니다. 놀이를 통해 세상을 이해하고 세상을 바꿔가는 능력을 배우고, 놀이를 통해 인간이 되고, 놀이를 통해 또 다른 인간들을 키워낸다. 이것이 인간에 있어서 놀이의 본질이다.

네덜란드 학자 요한 호이징가(Johan Huizinga)는 인간을 '호모루덴스(Homo Ludens)'라고 규정하고 있는데, 호모루덴스는 말 그대로 놀이, 유희의 인간이다. 인간은 본질적으로 놀이를 즐기며, 인류가 이룩한 문화에는 놀이의 요소가 스며들어 있는 것이다. 사회학자 노명우는 『호모 루덴스, 놀이하는 인간을 꿈꾸다』에서 인간이 유용성, 즉 기능에만 관심을 둔다면 밥그릇 모양에는 관심이 없고, 밥을 담는 기능만 충족하면 될 것 같지만 인간은 그렇지 않다는 것이다. 그래서 너무나도 당연히 호모루덴스는 기능 이상의 것을 추구한다. 그리하여 피라미드는 무덤의 기능을 훨씬 뛰어넘는 어마어마한 문명의 산물로 역사에 남게 되지 않았는가?

몸을 가리는 것 이상을 바랬기에 호모루덴스에게서 패션이 나타났고, 밥을 담는 기능 이상을 요구했기에 호모루덴스는 뛰어난 도자기를 만들어냈다. 이것을 가만히 보면 놀이가 문화의 한 요소가 아니라, 반대로 놀이가 문화와 문명을 만들어내는 핵심적인 역할을 하게 되는 것으로 해석이 가능해지는데, 호이징가는 놀이에서 문화가 형성되었다고 주장하고 놀이를 통해 인류가 문명을 발전시켜왔다고 주장한다. 결국 놀이를 통해 인류의 문명이 발전되어온 가장 핵심적인 요소라는 의미이기에 놀이가 그냥 장난이 아님을 알 수 있다.

로제 카이와(Roger Caillois) 또한 『놀이와 인간』에서 놀이는 비생산적이고, 때로는 낭비적이기도 하지만 놀이를 하는 '정신'은 가장 높은 수준의 문화 활동을 하게 하는 원동력이 될 뿐만이 아니라 인간의 지적 발달과 정신 교육에서 매우 중요한 역할을 한다고 보았으며, 놀이는 재미있는 것이기 때문에 인간은 끊임없이 놀잇거리를 찾는다고 보았다. 즉 인간의 놀이는 단순한 여흥거리를 넘어 인간을 이해함에 있어서 가장 핵심 요소라는 것을 강조하고 있다.

이뿐만이 아니라 철학자 니체는 "노는 아이들을 보라"라고 하면서 놀이야말로 인간의 본성이라고 강조했으며, 플라톤은 '무엇이 바르게 사는 방법인가?'라는 질문에 삶은 놀이하면서 살아야 한다고 이야기할 정도로 놀이는 고대 사상에서부터 인간의 삶에서 본질적이고 고귀한 가치를 지닌 것임을 알 수 있다. 우리는 각종 놀이를 통해 즐거움과 행복감을 느끼면서 놀이를 통해서 성장하게 된다. 그리고 사람들은 놀 때 엄격하거나 딱딱하게 굴지 않는다. 다른 사람들과 놀면서 다양한 감정을 표출할 수 있고, 다른 사람의 감정을 느낄 수 있기에, 어릴 때부터 자유롭게 밖에 나가서 놀아본 아이일수록 협동하고 공유하고 함께 문제를 해결하는 능력이 큰 것도 이와 무관하지 않다.

여기서 우리는 놀이의 특징을 살펴볼 필요가 있는데, 놀이 하면 어떤 특징이 떠오르는가? 놀이의 특징을 보면 우선 자발적이다. 누가 시키거나 누구의 강요에 의해서 하는 것이 결코 아니다. 비자발적인 것이 되는 순간 우리의 좌뇌가 개입하게 되고 의식하게 된다. 철저히 무의식 세계에서 자발적이 될 가능성이 높다. 억지로 하는 것은 이미 놀이가 아니라 숙제나 우울함으로 바뀐다. 또한 놀이는 시간 개념에서 자유로워진다. 시간의 압박을 받거나 시간 때우기 식으로 언제 끝나나 하는 그러한 개념이 존재하고 있지 않다. 즉 즐겁기 때문에 시간 가는 줄 모르고 노는 것이다. 지겹다면 반대로 언제 끝나나 하면서 시계를 자꾸 쳐다보게 될 것이다. 마치 일이 지겨울 때 퇴근 시간을 기다리는 것과 같다. 이때의 일은 놀이가 되지 못한 상태이다. 그리고 놀이는 즉흥적으로 바꿀 수 있는 요소가 다분히 존재하고 있어서 우연과 기회라는 속성이 내포되어 있다. 여기서 즉흥적인 것에 우리가 유념해야 하는 것은 정해진 것이 없이 새롭게 정해 갈 수 있기에 길 없는 길을 갈 수 있게 되고, 그리하다 보니 우연이라는 요소가 놀이 속에 존재하고 있기에 창의적인 풍토와 환경이 인위적인 것이 아니라 자연적으로 형성될 수밖에 없다는 것이다. 이뿐만이 아니다. 놀이는 지속적으로 하고 싶은 욕구를 불러일으키는 특성 또한 지니고 있다.

이러한 특성들을 놀이가 지니고 있기에 사람들은 놀이를 할 때 온전히 집중하고 완전히 그 안에 몰입할 수 있다. 놀이는 충족된 순간의 절대적 체험을 제공하고, 우리가 일상에서 결코 더는 갖출 수 없는 감정을 발산하게끔 한다. 놀이의 즐거움은 우리에게 행복에 이르는 길을 가리키고 있다. 스튜어트 브라운(Stuart Brown)은 "예술 작품을 창조하고 싶다는 충동이 놀이 욕구의 결과"라고 보고 있다.

그렇다면 놀이는 4차 산업혁명에서 어떠한 역할로 규정되어야 할까? 4차 산업혁명 시대에는 상상력이 그 어느 때보다도 중요하다. 상상력과 놀이 또한 밀접한 관계를 지니고 있는데, 어린아이들의 기상천외한 상상력에 기반한 놀이를 생각해보면 금세 알 수 있다. 지금까지의 산업혁명에서는 놀이의 성격과 의미가 상실되고, 왜곡되어 오로지 진지한(?) 활동만이 남게 되면서 놀이가 경시되고 그 사이에 놀이는 어른들의 영역에서 벗어나서 아이들의 영역으로만 간주되고 취급되어버렸다. 이것이 가장 큰 문제이다. 인간의 본성에 위배되는 방향으로 이끌어졌으며, 상상의 원천이 위약해지는 구조를 지니고 있기 때문이다.

노벨상을 수상한 물리학자 리처드 파인만(Richard Feynman)은 어느 날 소립자에 대해 급진적이고 새로운 아이디어를 접했을 때 이렇게 말했다고 한다. "머리털 나고 그런 웃기는 소리는 처음 들어봅니다. 하지만 그것은 진실일 수도 있습니다." 매우 웃기면서도 가슴 찡하는 그 무엇인가가 파인만의 말 속에 스며들어 있지 않은가? 일반적으로는 그러한 급진적이고 새로운 아이디어에 대해 누군가 이야기하면 많은 사람들은 말도 안 되는 이야기라고 핀잔을 주고 심지어는 비난하기도 한다. 안타까운 것은 바로 그러한 행위가 조직의 창의성을 죽이는 걸림돌인 줄도 모르고 있다는 사실이다.

하지만 창의성의 역설은 대부분 놀이를 통해서 나타난다. 창의적인 사람은 게임의 커다란 규칙은 알고 있지만 즉흥 변주와 우연에 개방적이다. 바로 앞서 언급한 놀이의 특성이 그대로 투영되고 있다는 것을 알 수 있다. 즉흥 연주(improvisation)하면 재즈를 빼놓을 수 없는데, 재즈는 같은 곡을 연주하더라도 매번 똑같이 연주하지 않는다. 무라카미 하루키는 재즈를 "우리 속에 갇혀 있으나, 그곳을 빠져나가려고 애쓰는 자유로운 영혼의 날갯짓 소리"라고 표현했다. 즉 형식의 파괴를 위한 몸부림이라고 보아야 할 것이다. 재즈 뮤지션인 마일스 데이비스(Miles Davis)는 연주하기 전에 짜인 리허설대로 연습한 적이 없으며 무대에 올라가서도 방향만 제시할 뿐, 각 연주자의 재능과 창조성이 순간순간 만들어내는 깨달음의 경지를 늘 원했다고 한다. 그정도로 재즈에서의 즉흥은 무수한 창의의 원천이 된다.

우연과 즉흥! 이는 바로 새로운 4차 산업혁명의 특성과도 일치한다. 즉 과거에는 명확한 것, 확실한 것에 기반해 효율성과 생산성의 극대화에 초점을 맞추었지만 지금은 불확실한 시대에서 우연과 즉흥이 어떻게 표출되는 것인지가 매우 중요한 시대이다. 따라서 꼭 짜인 틀에 따라 일을 하는 것이 아니라 바로 일이 놀이가 될 때 파괴적 혁신이 일어나게 된다.

『플레이, 즐거움의 발견』을 저술한 스튜어트 브라운과

크리스토퍼 본(Christopher Vaughan) 역시 놀이의 목적을 "재미있기 때문에"라고 답하면서 놀이를 많이 하는 동물일수록 뇌의 크기가 크다고 했다. 왜냐하면 놀이를 할 때 '상상'을 통해 새로운 인지 회로를 만들고 그로 인해 뇌의 용량도 커지기 때문이라고 한다. 이처럼 놀이와 창의, 상상은 떼려야 뗄 수 없는 관계이며, 호기심과 관찰력을 활용할 수 있는 능력은 모두 놀이에 의해서 길러지는 것이다.

세계적인 예술가 레오나르도 다빈치 역시 평생 동안 놀이를 즐기는 아이였다. 지그문트 프로이트가 "위대한 레오나르도 다빈치는 어떤 면에선 평생 동안 유아기를 벗어나지 못한 듯하다. 그는 어른이 된 뒤에도 놀이를 즐겼다. 그런 이유로 당시 사람들에게 그는 때때로 불안하고 이해하기 힘든 사람으로 여겨졌다"라고 말할 정도로 다빈치는 동심을 지니고 놀이를 즐기는 인재였던 것이다. 또한 다빈치 역시 휴식의 중요성을 강조했는데, "이따금씩 집중하던 일에서 벗어나서 가벼운 휴식을 취하는 것도 아주 좋은 방법이다. 그 뒤 다시 작업을 시작하면 판단력이 훨씬 확실해질 것이다. 계속 작업하다 보면 판단력이 흐려질 수도 있다"라고 말했다.

인랜드 콘테이너(Inland Container Corp.)의 창립자인 허먼

크래너트(Herman Krannert)는 다음과 같이 이야기했다. "휴식이 창의성을 가져온다. 지난 몇 년간 휴가 한 번 가지 않았을 정도로 열심히 일하고 있다는 사람을 만나면 나는 그가 창조적인 비즈니스에서 절대 성공할 수 없을 거라고 확신한다. 비즈니스에서 무엇보다 중요한 건 창의성이기 때문이다."

이처럼 놀이를 어린아이가 노는 것으로 치부하는 우를 범해서는 결코 안 될 것이며, 오히려 잘 노는 사람이 더욱 창의성을 발휘할 수 있다는 것을 잊어서는 안 된다. 놀이하는 인간의 모습이 기업경영 현장에서 구현되어야 조직 구성원들이 무의식적으로 시간 가는 줄 모르고 신나게 일을 하게 될 것이다.

5. 예술의 가치

1970년대부터 미적, 예술적 경험을 생물학적 조건과 연계하려는 시도가 추진되었으며, 영국의 세미르 제키(Semir Zeki)에 의해 미학과 뇌에 대한 연구가 본격적으로 시작되었다. 제키는 2000년대 초반에는 세계 최초로 신경미학원

(The Institute of Neuroaesthetics)을 설립했다. 신경미학의 초점은 인간의 미적 경험이 뇌를 통해 어떻게 이루어지는지에 대한 것을 연구하는 것인데, 대표적으로 레더(Leder) 등이 제시한 것이 보편적으로 받아들여지고 있다. 「신경미학이란 무엇인가? 정신의학에서의 새로운 패러다임」 연구 보고서에서 이에 대한 내용을 분석하고 있어 그 내용을 인용하고자 한다.

> 좋은 미술 작품을 대할 때 우리는 즐거워지고 만족감을 느낀다. 아름답다고 판단되는 작품과 그렇지 않은 작품에 대한 뇌 반응의 차이는 무엇인가? 이에 대한 답을 앞서 언급한 제키의 연구팀이 처음으로 제시했다. 가와바타와 제키는 fMRI(functional Magnetic Resonance Imaging) 스캐너 속의 피험자들에게 여러 미술 작품에 대해 평가하게 한 뒤, 피험자들의 평가를 아름다움(beautiful), 보통(neutral), 추함(ugly)으로 분류하여 각각의 경우에 뇌가 어떻게 반응하는지 조사했는데, 아름답다고 평가할 때 내측 안와전두엽(medical orbitofrontal cortex)이 더 활성화되는 것으로 나타났다.
>
> 내측 안와전두엽은 여러 다양한 보상으로 야기되는 쾌락

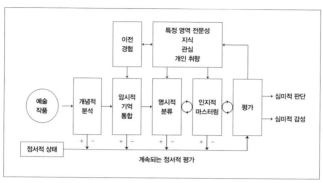

그림 2-1 래더의 미적 경험 모델

자료: Leder et al., "A Model of Aesthetic Appreciation and Aesthetic Judgements", *British Journal of Psychology*(2004).

적 경험(hedonic experience)과 관계되는 신경해부학적 부위이다. 아름다움을 경험할 때 뇌의 보상계의 하나인 내측 안와전두엽이 활성화되며, 반면에 추함을 경험할 때는 내측 안와전두엽의 활성화가 저하된다는 것이다. 제시되었던 미술 작품을 초상화, 풍경화, 정물화, 추상화별로 작품에 대한 미적 평가를 실시하게 한 뒤 비교한 결과에서도 각각의 경우 모두 아름답다고 평가되었던 그림에서 내측 안와전두엽의 활성화가 나타났다.

(『대한신경정신의학회지』, 2013: 52, 손정우 외)

또한 레더는 그림 2-1에서와 같이 작품 인지에서 작품

감동에 이르는 미적 체험의 프로세스에 대한 모델을 정립하기도 했다.

많이 웃는, 긍정적인 사고방식은 엔도르핀을 분비하는 효과가 있다. 그런데 엔도르핀보다 100배 효과가 있는 다이노르핀(dynorphin)이 있는데, 예술 체험은 감동 호르몬인 다이노르핀을 분비시키는 작용을 한다. MIT 대학교의 연구팀과 피터 자나타(Peter Janata) 교수의 연구에 따르면 구성원이 모두 함께 참여하는 예술 활동은 개인의 스트레스 해소, 기쁨과 즐거움 증가, 타인에 대한 공감대 확대, 조직원 간 커뮤니케이션 증대뿐만이 아니라 팀 간 소통 능력 제고, 협동심 제고로 이어지는 것으로 증명되었다.

명화를 감상하면 미적 감각과 심미안을 기를 수 있고, 호기심을 유발하고 창의력과 상상력을 기를 수 있으며, 작가의 영혼과 교감하기에 감수성이 풍부해지는 효과가 있다. 뿐만이 아니라 클래식 음악을 들으면 쉬고 있던 우뇌가 활발한 활동을 하게 되므로 뇌가 활성화되어 상상력이 풍부해지고, 창의성, 언어와 감정 발달에 도움을 주기 때문에 감수성이 풍부해지고 참을성도 기를 수 있다.

예술은 힐링 및 치료 효과에 있어서도 탁월함을 보이고 있는데, 국내외 예술치료 연구 결과에 따르면 예술치료는 사람의 정서적 스트레스를 개선하는 효과를 가져오고, 면역 글로블린을 증가시키고, 아울러 스트레스 호르몬인 코티졸이 감소되는 효과가 있다고 한다. 또 다른 연구 조사에 의하면 통증이 심한 말기 암 환자들에게 일정한 주기로 좋아하는 음악을 감상하게 했을 때 스트레스가 줄어들기도 하고, 환자들의 불면증이나 통증도 직접적으로 줄어들었다고 한다. 병상에 있는 소아암 어린이들에게 손 인형극을 보여주었을 때 스트레스와 통증이 줄어드는 효과가 있다고 한다. 또한 심장병 환자들에게 30분간 음악을 틀어주면 불안과 우울 증세에 사용되는 약물을 10mg 투여한 효과가 있다는 연구 결과들을 통해 우리는 예술이 면역력을 높여주는 매우 중요한 역할을 수행한다는 것을 인지할 수 있다.

인간의 대뇌에 있는 '고통과 기쁨의 분배자'라는 별명을 지닌 림빅(Limbic) 시스템은 사람의 감정과 동기 유발을 관장하는데, 활발한 음악 자극이나 미술 같은 시각 자극은 정서를 관장하는 림빅 시스템을 직접 자극하여 도파민 생성과 같은 뇌의 화학 작용을 활성화해 호르몬 변화와 면역 시스템을 강화한다. 아울러 예술 활동은 사람을 자극하거나 안정시키는 데 직접적인 생리적 반응을 돕고, 교감, 부교감 신경을 아우르는 자율신경계의 균형을 유도한다. 이러한 자율신경계의 자극은 사람의 정서에 직접적인 영향을 미치게 함으로써 동기 유발, 적극적인 태도 등의 변화를 유도한다.

기업뿐만이 아니라 학교에서의 예술 교육은 특히 4차 산업혁명에 필요한 인재를 양성함에 있어서 결코 간과해서는 안 되는 핵심 중의 핵심이다. 단도직입적으로 이야기하면 국영수보다 더 중요한 것이 예술 교육이다. UCLA 교육학 교수 제임스 카터랠은 예술 교과목이 학생들의 성적이나 태도에 어떻게 연관되는지를 밝히기 위해 약 25,000명의 데이터를 분석했는데, 예술 활동 경험이 풍부한 학생들이 그렇지 않은 학생들에 비해 거의 모든 측정 지표에서 더 높은 점수를 얻었다. 8학년에서 12학년 사이에 음악 수업을 들은 집단과 그렇지 않은 집단을 비교하여, 수업을 들은 학생들의 수학 점수가 월등히 올랐을 뿐 아니라 읽기, 역사, 지리 점수가 40%나 올랐음을 알아냈다. 음악 경험이 없는 아이들의 뇌를 스캔한 후 15주간 피아노 수업을 받게 한 뒤 다시 뇌를 스캔한 결과, 뇌 안에서 구조적인 변화가 관찰되었다.

예술은 비단 사람의 감성뿐만이 아니라 사람의 인지 능력에도 영향을 주게 되는데, 신경과학자들의 다년간의 연구에 따르면 예술을 통해 학생들의 집중력과 동기가 향상되었다. 이러한 동기는 지속적인 집중력으로 이어지게 되며, 집중력과 관련되는 뇌신경세포인 시냅스의 효율성을 향상하고, 이렇게 향상된 집중력은 수학이나 과학과 같은 다른 영역의 인지적 발달로 이어진다는 이야기다.

교육부의 2016년 학교예술교육활성화사업 만족도 조사 결과에 따르면, 응답자들은 예술 활동 참여가 감수성뿐만 아니라 창의성, 자신감, 인성 함양에 효과가 있다고 평가했으며, 2016년 학교예술교육사업에 참여한 고등학교 교사는 언론 인터뷰에서 "학생들은 연극 활동 속에서 협동과 배려를 배우고, 자연스럽게 학교생활과 교우 관계의 문제점을 스스로 극복해나갔다. 성실하지 않았던 학생이 무대에 오르는 경험을 통해 자존감과 자신감이 높아지면서 변화하는 모습을 보였을 때의 감격은 이루 말할 수 없다"면서 소회를 밝히기도 했다.

특히 4차 산업혁명 시대의 불확실한 세상에서 직업을 창조해가는 것도 매우 중요하다. 직업을 창조하기 위해서는 기능인, 즉 리더(leader)가 아닌 직원(worker)의 기존 교육 프레임에서 탈피해야 학생들이 리더가 되고자 하는 꿈과 열정을 지닐 수 있게 된다. 미래의 주역인 학생들에게 구닥다리 교육을 시키는 것은 어찌 보면 국가적 손실이 될 것이다. 4차 산업혁명에 부합하는 인재는 창의적이고 상상력이 뛰어난 인재이다. 지혜와 통찰이 아닌 암기 위주의 사고로는 결코 창의적인 인재가 될 수 없다.

따라서 당연히 현재 예술 교육의 위상이 새롭게 인식되어야 하고, 교육 방식 자체도 변화되어야 한다. 지금의 예술 교육 방식은 평가가 목적으로 즐기는 경험을 통째로 잃어버리고 있으니, 진정한 예술 교육이라기보다는 형식적인 예술 교육이라고 볼 수 있다. 미국 최고의 한 명문 고등학교에서는 졸업생 대부분이 한두 가지 이상의 예술 분야에서 전문가 못지않은 실력을 갖췄다는 사실을 졸업생 3분의 1이 아이비리그 대학교에 진학한다는 것만큼이나 큰 자랑으로 여기고 있는데, 이는 우리의 교육 현장과 너무나도 비교되지 않는가? 이러한 모습은 우리에게 신선한 자극을 주면서 한편으로는 엄중한 경고를 하고 있다고 보아야 한다. 따라서 기존의 교육은 지금까지의 산업혁명에 적합하도록 구성되어 있었고 나름의 역할을 해왔으나, 현재 존재하는 교육으로 미래를 선도하는 인재를 키워내기엔 역부족일 따름이다. 교육에서 예술이 전진배치 되어야 하는 이유이다.

예술 교육 전문가 에릭 부스(Eric Booth)는 예술 교육에서의 '예술'은 '명사'가 아닌 '동사'여야 한다고 강조한다. 즉 하루 종일 진흙을 만졌다고 해서 예술을 경험한 것이 아니라 진흙을 통해 아이가 표현하고 싶은 것을 마음껏 해보고 그 속에 자신만이 할 수 있는 새로운 세계를 창조할 때에야 비로소 예술을 경험했다고 할 수 있으며, 이것이 바로 동사로서의 예술이라는 것이다. 동사로서의 예술 교육이 되어야 근본적인 예술 교육이 될 수 있으며, 이를 통해 아이들은 창의력을 향상할 수 있게 된다. 예술 교육을 한다고 해서 동사가 아닌 명사로서의 예술 교육이 이루어지면 이는 또 다른 암기식 예술 교육이 되고, 흥미를 잃게 되어 살아 있는 예술 교육이 되지 못할 것이다. 살아 있는 예술 교육을 통해 미래 사회의 예기치 못한 수많은 도전에 대응할 수 있는 새로운 방법과 해결책을 제시할 수 있는 창의적인 인재로 우뚝 서야 한다.

이처럼 예술은 경영 현장에 적극적으로 개입되어 파괴적 혁신과 더불어 조직 구성원들의 동기 부여와 감성지능을 극대화하는 촉매제가 될 것이다. 아울러 학교는 창의적 인재를 키워내는 요람으로 우뚝 서기 위해 대대적인 변혁을 수반해야 할 것이다.

3장

예술적 개입을 통한 파괴적 혁신

1. 예술적 개입과 창조적 충돌

미술시간에 데생을 한두 번쯤은 해본 경험이 있을 것이다. 그런데 학교가 아닌 기업 현장에서 직원들을 대상으로 데생 교육을 실시하고 있다면 어떤 사람은 기업 현장이 전쟁 터인데 한가하게 그림 그리고 있을 시간이 어디 있냐고 반문할 수도 있다. 그러나 아이러니하게도 데생을 강조하는 기업은 〈토이스토리〉, 〈니모를 찾아서〉 등 우리가 이름만 들어도 아는 애니메이션을 제작한 혁신의 아이콘인 영화 제작사 '픽사'이다. 픽사는 다양한 부서의 직원들에게 예술 교육을 시키는 기업으로 유명하다. 픽사에서 '데생 교육'을 실시하는 이유는 데생을 하면 사물을 유심히 관찰하는 과정을 거치게 되는데, 이러한 관찰의 힘과 관찰의 습관을 체화시킴으로써 비즈니스에 대한 새로운 관찰과 통찰력, 영감을 갖게 하기 위해서이다. 왜냐하면 비즈니스에서는 이슈를 새롭게 정의하거나, 개선방안에 대한 새로운 시각을 견지해야만 다양한 사고와 상상력을 동원할 수 있기 때문이다. 이러한 관찰의 힘과 습관은 끊임없는 상상력의 원천으로 이어진다. 결코 한가롭게 직원 복리 차원에서 실시하는 것이 아니다.

유럽의 한 제조회사에서는 생산 현장의 새로운 변화를 시도하고자 경영 현장에 예술가가 투입되었다. 예술가와 조직 구성원들은 일련의 과정을 통해 생산 효율성을 무려 25% 향상하는 놀라운 성과를 거두었다. 또한 조직 구성원들은 이 과정 속에서 기계 뒤의 사람(기계를 움직이는 사람이 하나의 부속으로서의 인간이 아닌 소중한 존재로서의 인간의 모습)을 보게 되었고, 회사에 대한 충성심이 생기고 직원들 간의 의사소통이 활성화되었다. 조직으로서는 돈으로 환산할 수 없는 소중한 자산을 축적하게 된 것이다. 즉 예술적 개입을 통해 기업에서는 기존과는 다른 방식으로 접근하여 획기적인 경영 성과를 창출했다.

우리는 늘 경영 혁신에 목말라 하고 있는데, 4차 산업혁명이라는 커다란 소용돌이 속에서 비즈니스 현장에서 예술적 요소가 도입되는 예술적 개입(artistic intervention)에 대해 주목할 필요가 있다. 이러한 예술적 개입을 통해 창조적 충돌(creative clash)을 경험하며 기존의 틀을 벗어던지고 새로운 길로 나아가게 되는 것이다.

과거 기업경영에서 예술의 역할은 직원 복리후생 차원에서의 공연 관람이나 기업 이미지 개선 등을 위한 예술가 후원 수준 정도에 그쳤다. 그러나 예술적 개입은 이와는 완전히 다른 개념이다. 기업의 전략 수립, 개발, 제조, 판매와 같은 기업 의사결정에 이르는 다양한 과정에 침투해 기업의 경영 혁신, 기술 혁신을 이루어가는 것이 예술적 개입이며, 진정한 아트경영인 것이다.

이러한 기업경영에서의 예술적 개입의 장르는 음악, 미술, 무용, 연극, 영화, 문학 등을 총망라한다. 그림 3-1에서 보는 바와 같이 지오바니 쉬우마(Giovani Schiuma) 교수는 '예술적 개입 가치 매트릭스(the art value matrix)'를 제시하고 있다. 이 매트릭스는 조직 구성원 차원의 변화 정도(X축)와 조직 인프라 개발 차원에서의 변화 정도(Y축)를 두 축으로

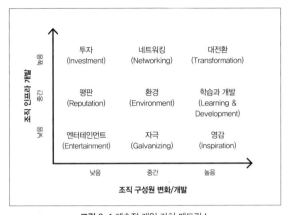

그림 3-1 예술적 개입 가치 매트릭스
자료: Giovani Schiuma, *The Value of Arts for Business*
(Cambridge University Press, 2011), 100쪽.

하여 총 9개의 형태를 제시하고 있는데, 경영에서의 매우 소극적인 역할인 '엔터테인먼트(entertainment)'에서 가장 적극적인 예술적 개입의 의미를 지닌 '대전환(transformation)'의 개념을 총망라해서 설명하고 있다.

'엔터테인먼트' 차원의 예술적 개입은 매우 소극적인 개입으로 메세나 활동을 통해 기업의 사회적 책임(Corporate Social Responsibility: CSR) 차원에서 기업의 사회적 이미지 제고 내지는 기업의 마케팅 활동에 활용하는 정도의 활동이 경영에 예술이 접목되고 있는 정도이고, 직원들의 복리후생(welfare) 차원 정도로서의 예술적 개입 활동이라고 볼 수 있다. 조금 나아가면 엔터테인먼트는 이미지 제고에 활용된다.

즉 예술이 기업의 경영 활동 및 업무에 녹아들어가야 진정한 예술적 개입이 되는 것이지, 한 번 공연 관람을 한 후 생각의 변화없이 다시 원래대로 업무에 복귀하는 것은 예술과 경영이 따로 따로 움직이는 것이다. 그러므로 예술이 업무에 개입되어서 조직 구성원의 생각하는 방식을 바꾸거나 일하는 방식을 변화시킨다고 보기는 어렵다. 그렇다고 이러한 활동이 무의미하다는 것은 결코 아니다. 그러나 이 정도 수준은 매우 소극적이고 초기적인 단계의 예술적 개입이라고 보아야 한다.

이 책에서 이야기하고 강조하는 것은 바로 오른쪽 상단에 위치한 '대전환(transformation)' 차원에 해당하는 것으로 기업경영에 있어서 예술의 적극적 개입이 일어나 파괴적 경영 혁신을 일으키는 새로운 경영 패러다임에 대한 내용이다. 즉 대전환 차원에서는 예술이 새로운 역할을 하게 되는데, 제품의 파괴적 혁신을 이끌어내고, 조직 구성원의 동기 부여를 획기적으로 개선하는 등 혁신의 아이콘으로서의 예술이 경영에 개입되어 새로운 성공의 방정식을 만들어가게 되는 것이다. 이를 위해 조직의 모든 것이 바뀌는 과정을 경험하게 된다.

예술을 뜻하는 영어 단어 'art'는 라틴어로는 아르스(ars)이며, 그리스어로는 테크네(techne)로 예술이라는 말에는 기술의 뜻이 포함되어 있다. 한 가지 흥미로운 점은 학자들의 연구에 따르면 과학기술자와 예술가 두 그룹 사이에 공통적인 요소가 있는데, 그것은 바로 예술가와 과학기술자들은 사고하는 데 동일한 도구를 사용한다는 점이다. 그렇기에 예술가인 과학기술자, 과학적인 예술가가 자연스럽게 탄생할 수 있게 되는 것이다.

UCLA의 버니스 이더슨(Bernice Eiduson) 교수는 예술가와 과학자의 심리학적 프로파일을 처음으로 연구했는데, 예술가들은 다양한 지적 흥미를 갖고 있으며, 환상적인 것에 몰두하는 경향을 보이고, 감각을 통해 경험하는 것들에 대해 매우 민감했으며, 적극적으로 그 경험을 표현할 수 있는 방법을 찾고자 하는 경향을 지니고 있다고 분석한다. 마치 레오나르도 다빈치처럼. 이 점은 특히 과학과 예술이라는 매우 이질적인 두 단어가 왜 연결되어야 하는지를 설명하고 있다. 피상적으로는 매우 딱딱해 보이는 과학기술과 매우 소프트한 예술의 두 단어는 마치 물과 기름처럼 이질적으로 보이지만 실제로는 전혀 그렇지 않다. 독일의 물리학자인 막스 플랑크(Max Planck) 또한 "과학의 선구자는 반드시 예술적(artistically), 창의적 상상을 해야만 한다"라고 강조하고 있어 매우 이질적인 단어인 예술과 과학은 어찌 보면 지향하는 바가 동일하다고 볼 수 있다.

이정문 화백이 서기 2000년대를 상상하며 1965년도에 그린 그림 〈서기 2000년대 생활의 이모저모〉를 보면 그 중요성을 실감할 수 있을 것이다. 이 그림을 보면 예술가의 상상력이 얼마나 위대한지를 느낄 수 있다. 태양열을 이용하는 집, 전파신문, 움직이는 도로, 원격진료와 화상전화기 등 이정문 화백이 그린 많은 것들이 지금 시대에 실현되어 우리가 직접 사용하고, 생활하고 있기 때문이다. 미래가 왜 '상상하는 것이 힘'인 시대인지를 깨닫게 해준다.

그렇다면 왜 예술적 개입, 즉 아트경영이 경영 혁신을 리드하고, 혁신의 돌파구를 마련하는 새로운 경영 철학으로 자리 잡게 된 것인지에 대해 생각해볼 필요가 있다. 우리는 산업 경제 시대를 넘어 과거와는 확연히 다른 불확실성과 복잡성이 가득한 새로운 시대에 살고 있다. 변화의 속도는 예전과는 판이하게 달라 이제는 오히려 새로운 것이 보편적(new is normal)인 시대로 접어들었으며, 호모사피엔스의 이성을 뛰어넘어 호모루덴스의 감성을 자극하는 노우필

그림 3-2 피카소의 〈게르니카〉

(know feel)의 시대에서 창의적이고 창조적인 기업만이 세상을 리드해갈 수밖에 없는 세상이다. 바로 이러한 창조, 창의의 근원적이고 근본적인 원천에 '예술'이 자리 잡고 있다. 이것이 창의, 혁신의 근원적 본질에 철저하게 접근해야 하는 이유이다.

예술에는 몇 가지 독특한 특성이 있는데, 바로 상상력, 표현과 공감, 해석과 존중, 과정 지향 등을 꼽을 수 있다. 그림 3-2에서 보는 바와 같이 피카소의 작품 〈게르니카〉의 작업 진행을 연구한 저명한 창의성 대가인 로버트 와이스버그(Robert Weisberg)는 "예술가는 창의적인 과정을 수행하는 동안 대상을 새로운 존재로 바꾼다. 다시 말해 피카소가 없으면 게르니카도 있을 수 없는 것이다"라고 했는데, 이는 표현하는 주체에 따라서 대상이 완전히 새롭게 바뀌게 됨을 의미한다. 상상하고 표현하는 예술적 사유, 예술가적인 주관적 통찰은 다름을 허용하고 창조를 일으키는 예술의 과정으로, 이는 기업혁신 과정에 고스란히 스며들어야 한다. 실제로 피카소는 45번의 예비 작품 과정을 통해 〈게르니카〉라는 대작품을 완성한다. 전쟁이라는 직접적인 표현보다는 무엇인가 끔찍한 일이 벌어진 것 같은 암시적인 분위기, 검은색과 흰색만을 사용함으로써 보다 강렬한 인상을 주고 있다.

예술가 폴 호건의 "존재하지 않는 것을 상상할 수 없다면 새로운 것을 만들어낼 수 없으며, 자신만의 세계를 창조하지 못하면 다른 사람이 묘사한 세계에 머무를 수밖에 없다"라는 말은 일반적으로 기업들이 창의, 혁신을 강조하고 이성적으로 이해하고 수많은 활동을 전개하지만, 과연 그 성과는 얼마만큼 파괴적이고 혁신적이었는가 라는 질문에 일침을 가하는 것이라고 볼 수 있다.

문제는 기업들이 다양한 혁신 활동을 한다고는 하지만 결국에는 기존의 틀 안에서 움직이므로 아쉽게도 열심히 활동한 결과는 미흡한 성과 창출로 이어진다. 그렇게 되면 혁신에서 멀어지고 경쟁에서 뒤처지는 기업이 된다. '그래

더 해보자'라면서 이것을 또 반복한다면 어떻게 될까? 조직은 더 노력하지만 피로감만 쌓이고 획기적인 성과는 나오지 않는 악순환이 반복될 뿐이다. 우리가 파괴적 혁신의 실현을 위해서 새로운 경영 패러다임인 예술적 개입에 주목해야 하는 이유이다.

2. 경영에서의 예술적 개입

그렇다면 본격적으로 기업경영 현장에서 예술적 개입을 통해 어떠한 변화와 성과가 창출되고 있는지를 살펴보고자 한다. 관련 내용으로 유럽연합(EU)의 「창조적 충돌 보고서(Creative Clash Report)」를 기반으로 하여 소개하고자 한다. 이 보고서에서는 기업경영 현장에서 예술적 개입(Artistic Intervention)을 통해서 변화되는 다양한 혁신 성과를 제시하고 있다. 새로운 시각에 기반한 신제품 혁신, 직원들의 일하는 방식의 변화와 조직 구성원의 결속력 증가를 비롯하여 기업경영에 있어서 변화와 혁신을 일으키는 새로운 경영 패러다임인 예술적 개입의 역할에 대해 피력하고 있다.

표 3-1에서 보는 바와 같이 비즈니스에서의 예술적 개입

1	다르게 보고 생각하기(seeing more and differently)
2	활성화(activation)
3	조직원들의 협업 및 소통(collaborative ways of working)
4	조직 구성원 자기 계발(personal development)
5	조직적 차원 개발(조직문화, 리더십 업무 분위기 등)(organizational development)
6	업무에 있어서의 예술적 방식 접목(artful ways of working)
7	관계의 변화(relationship)
8	전략적·운영적 영향(strategic and operational impacts)

표 3-1 예술적 개입이 비즈니스에 미치는 영향
자료: EU, 「창조적 충돌 보고서(Creative Clash Report)」(2011).

에 대한 영향은 크게 여덟 가지로 분류하고 있다. 여기서는 여덟 가지 영향 중에서 다르게 보고 생각하기, 활성화, 조직원들의 협업 및 소통, 이 세 가지에 대해서 집중적으로 살펴보도록 하겠다.

■ **다르게 보고 생각하기**

예술적 개입에서 가장 중요한 영향 요소 중 하나로서 조직 구성원들이 사물 및 현상에 대해 다르게 보고 다르게 생각하는 것을 꼽을 수 있다. 이는 예술에 있어서 가장 근본적인 특성 중 하나이다. 앞서 언급한 바와 같이 픽사의 데생 교육 또한 이처럼 다르게 생각하기와 직결되어 있다. 실제로 공연을 이용한 예술적 개입의 사례에서는 새로운 것을 바라보게 되고, 매우 긍정적인 에너지에 대한 경험을 하게

되었다고 한다. 다름을 허용하는 예술적 특성이 비즈니스를 바라보는 다른 관점을 심어주게 되는 것이다. 다른 기업 제품을 모방하는 차원을 훨씬 뛰어넘어 새로운 제품 및 서비스 혁신의 원천이 되는 것이다.

A 백화점에서는 백화점 직원의 서비스 개선을 위해 백화점 직원 역할 공연을 하면서 연극배우들로 하여금 실제 백화점 직원의 표정, 몸짓, 행동 등을 그대로 연출하도록 했다. 백화점 직원들은 그 연극을 보면서 본인들을 흉내 내는 배우들의 연기에 웃기도 하고, 스스로 본인들을 되돌아보는 계기를 가졌다. 그러자 서비스 개선이 자연스럽게 이루어졌다. 흔히 기업에서는 이와 같이 '상자 밖 생각하기(out of box thinking)'를 많이 이야기하지만 제대로 이루어지지 못한다. 반면에 예술적 개입은 '상자 밖 생각하기'를 단순히 말로만 하는 것이 아니라, 실천에 옮기는 것이기에 그 가치가 빛이 나는 것이다. 예술적 프로세스는 이처럼 전통적인 틀에서는 도저히 상상할 수 없거나 불가능한 것에 대한 새로운 통찰을 제시해준다. 이를 통해 새로운 것을 발견하고, 새로운 가치를 제공하는 과정을 거치게 되는데, 이는 바로 예술가들이 예술 작품을 창작하는 과정과 동일하다.

임원진들은 이제 왜 자신들이 과거에 그렇게 운영했는지

를 보다 명확하게 인지하게 되었고, 어떤 과정에서 어떠한 실수가 있었는지를 이해하게 되었다. 미래에 우리가 무엇을 해야 할지 무엇을 준비해야 하는지가 명확해졌다.

예술적 개입 및 참여는 우리들에게 강한 자극을 주었고, 신선했으며, 우리가 새로운 것을 시도함에 있어서 매우 긍정적인 자극제가 되었으며, 일을 수행함에 있어서 행위의 변화를 이끈 원동력이 되었다.

다른 사람들의 목소리를 세심하게 듣는 경청은 기존에 가지고 있던 생각의 틀에서 벗어나 완전히 새로운 시각을 갖출 수 있는 기회가 되었으며 제한적인 사고가 가지는 한계에 대해서 다시금 생각하게 되었다.

관점을 변화시키는 것은 우리가 하고 있는 일에 대해 새롭게 다시 배우는(re-learning) 것과 같다. 동일한 환경, 동일한 일을 하더라도 완전히 새로운 방식으로 접근해가기 때문이다.

— 「창조적 충돌 보고서」에서

이처럼 다르게 생각하기는 동일한 것이라 하더라도, 새로운 관점에 의한 새로운 발견의 경험을 가지게 되며, 이에 기반하여 제품의 혁신 등이 이루어지게 된다. 창조와 혁신을 구현함에 있어서 '다르게 생각하기'는 조직 구성원 및 기업 조직이 가져가야 할 매우 근본적인 요소이다.

■ 활성화

예술적 개입에서 우리가 눈여겨보아야 하는 것 중 하나는 활성화이다. 이는 예술적 체험이라고 볼 수 있는데, 예술적 개입의 초기 시점과 종료 시점을 비교하면 매우 큰 차이를 보인다. 조직 구성원들은 처음에는 다소 회의적이고 의구심을 갖기도 하는데 이는 자연스러운 현상이다. 익숙하지 않기도 하니 그리 편하지 않을 수 있다. 그러나 끝날 무렵에는 매우 긍정적인 경험, 신나고 즐거운 경험을 인지하게 된다. 아울러 구성원들은 즐거웠던 것에 대해 웃고 함께 이야기 나누게 되는 현상을 발견하게 된다. 예술적 개입은 조직 구성원들에게 다양한 방식으로 영감과 자극을 주게 되고, 업무 수행에 있어서 동일 반복되는 것에 대해 자극을 주고, 새로운 접근 방식을 유도한다.

또한 예술적 개입은 구성원들의 감정과 연관된 심미적인

경험이기도 한데, 구성원들에게 그들의 느낌을 투영시키도록 해준다. 작위적이고 억눌린 것이 아닌, 직접적이고 오픈된 감정을 느끼도록 해줌으로써 오히려 올바른 행위를 할 수 있도록 도와주는 역할을 한다. 이러한 과정에서 즐거움을 느낄 수 있는 것뿐만이 아니라 자신의 일하는 상황을 보다 명확하게 인지할 수 있게 된다.

예술적 개입 과정에서 많은 구성원들이 표현한 것은 '에너지'인데, 이 에너지는 개인 및 조직 레벨에 행위와 실천을 위한 촉매제, 기폭제로서 지대한 영향을 준다. 예술적 개입을 통한 활성화의 효과는 에너지와 연관되어 있는데, 이 에너지는 개인 차원뿐만 아니라 조직 차원에서의 에너지가 넘치는 활기찬 환경을 조성해준다. 더욱이 조직 구성원 개개인이 동기 부여가 되어 일에 대한 의미와 가치에 대해 더욱 중요하게 생각하게 된다.

우리는 우리의 창의력과 자유롭게 생각하는 능력을 잃어버릴 위험이 있는데, 예술적 개입은 우리가 잊고 있었던 것을 다시 가져오게 하고, 이야기하게 되는 계기가 되었다.

예술가 그 자체가 에너지였다. 우리는 더 많은 에너지를 얻었고, 업무 현장에서 그리고 타인과의 관계에 있어서도 영향을 받았다.

—「창조적 충돌 보고서」에서

■ **조직원들의 협업 및 소통**

또 하나의 중요한 효과 중 하나는 바로 조직에서 구성원 간의 협업 및 소통이다. 이는 현재 기업들이 겪는 중요한 이슈 중 하나이다. 회사 차원에서는 협업과 소통을 위해 다양한 활동을 하며 노력하지만 그 효과는 크지 않고 더군다나 그러한 활동이 지속성을 갖기는 더더욱 어렵다.

그렇다면 아트경영, 예술적 개입을 통한 효과는 어떠할까? 몇 가지 사례를 살펴보면 예술적 개입을 통한 조직원들의 협업과 소통의 질은 한층 업그레이드되며, 업무 만족도의 증대와 조직 생산성의 향상에 지대한 영향을 미치고 있다는 점을 알 수 있다. 특히 예술은 옳고 그름의 문제가 아니라 다름을 인정하고 있으며, 그 다름을 이해하는 과정이 늘 투영되어 있다. 예를 들어 우리는 어떤 예술가의 작품을 보고 '틀리다'라고 평가 내리지는 않는다. 왜냐하면 그 예술가는 지향하고 느끼고 표현하고자 하는 것을 그려내고, 만들어내고, 세상과 소통하고자 하기 때문이다. 특히 오케스트라의 경우 단원들이 연주하는 악기 하나하나가 빛을 보려면 함께 화음이 이루어져야 예술 같은 음악 연주가 탄생하게 되는 것이다. 이 과정에서 구성원은 협업과 소통을 체화하게 된다.

> 어떤 사람은 15년간 불만이 가득한 직원이었는데, 워크숍 이후에는 완전히 달라져서 일하기가 매우 수월해졌다.

> 이전에는 전혀 상상할 수 없었던 두 공장 간의 대화가 이루어진다. 이전에는 두 공장 간에 보이지 않는 벽이 존재하고 있었으며, 결코 서로 돕지도 않았는데, 이제는 분위기가 완전히 달라져 일하기가 너무 수월해졌다.

> 비언어적 커뮤니케이션의 중요성에 대한 공감과 경험은 잊을 수 없고 감사하게 생각한다.

> —「창조적 충돌 보고서」에서

'소통을 잘 하자, 협업을 잘 하자'라고 최고경영진이 수십

번을 이야기해도 잘 안 되는 조직은 또 이야기한다고 해서 개선이 될 가능성은 그리 높지 않다. 이러한 경우 최고경영진은 조직 구성원들이 제대로 실행하지 못하는 이유에 대하여 이성적 차원이 아닌 감성적 차원으로 접근할 필요가 있다. 바로 예술적 개입을 통해 감정으로 느끼고 공감하고 인지하고 경험하는 과정에서 관찰과 경청의 자세를 배움으로써 소통과 협업이 자연스럽게 일어나게 되는 것이다.

지금까지 「창조적 충돌 보고서」를 기반으로 예술적 개입이 비즈니스에 미치는 영향에 관해 살펴보았는데, '새로운 것이 보편적'인 시대에 새로운 혁신의 원천을 지니지 못한다면 해당 기업은 그저 그런 기업으로 전락하고 말 것이다. 따라서 기업 전반에 걸쳐서 근본적인 혁신의 원천에 대한 사고의 대전환이 필요하며, 그것이 바로 예술적 개입이며 아트경영임을 인지할 필요가 있다.

또한 기업들은 컨설팅을 의뢰하여 이러한 경영 이슈를 해결해가고 있는데 아트경영 컨설팅에서의 특이한 점은 다양한 예술 분야의 예술가가 해당 기업의 경영 이슈에 참여하여 기업이 고민하는 이슈를 풀어간다는 점이다. 결국 좌뇌로 풀어가던 방식을 뛰어넘어 우뇌로 풀어가는 방식이다. 접근 방법들도 매우 독특하다. 다큐멘터리를 만들기도 하고, 연극 같은 역할놀이를 하기도 한다. 예술가들은 선입견이나 편견 없이 사물을 바라보고 관찰하듯 기업과 조직을 관찰하는 방식을 취하기도 한다.

이제 바야흐로 예술이 경영을 리드하는 시대에 접어들었으며, 창조와 혁신의 새로운 성공의 방정식이자 패러다임인 예술적 개입, 아트경영을 통한 근본적인 체질 개선이 요구되고 있다. 예술적 개입을 함으로써 예술적 속성인 '창의와 상상'을 통한 혁신적인 제품 창출, '표현, 공감, 존중' 등의 속성을 통한 조직 구성원 간의 협업, 소통, 동기 부여 제고는 기업경영에 있어서 격이 다른 혁신 경영의 새로운 지평을 열게 될 것이다. 또한 기업 인재상의 변화도 요구되고 있다. 기업에서는 이제 레오나르도 다빈치 같은 인재상을 구현해야 할 것이다. 비단 직원뿐 아니라 경영진 또한 다빈치 같은 DNA를 보유하는 기업이 혁신에서의 승자가 될 것이다. 이뿐만이 아니라, 앞서 언급한 바와 같이 기업 교육 역시 새롭게 재구성할 필요가 있는데, 근본적 창의를 위한 교육 프로그램으로의 재편이 필요할 것이다. 이처럼 경영에서의 예술적 개입은 기업의 머리에서 발끝까지 새롭게 바꾸어나가는 것이며, 그 과정에서 조직 및 조직 구성원들에게 체화되는 것이다.

우리는 일상생활 속에서도 무엇인가가 최고이면 "와, 예술인데"라는 표현을 자주 사용한다. 이제 기업에서도 예술적 개입, 아트경영을 통해 기업경영에 대해 "와우! 예술이다"라는 감탄사가 절로 나오도록 하는 기업이 미래의 진정한 승자가 될 것이며, 격이 다른 혁신적인 기업으로 칭송될 것이다. 이제 예술적 개입에 기반한 비즈니스 및 혁신 경영 전략의 재구성 작업이 실천되어야 한다. 연상의 장벽을 허물고 새롭게 하얀 도화지에 스케치할 때 혁신이 꽃필 것이다.

3. 픽사의 마르지 않는 창의력의 원천, 픽사 유니버시티

창의와 상상이 중요해지고, 우뇌가 중요해지는 4차 산업혁명의 시대에서 우리 기업 교육이 이대로 좋은지에 대해서 깊이 생각해보아야 한다. 왜냐하면 기능형 인재를 키우기 위한 직무 교육을 뛰어넘어 이제는 상상과 창의를 비롯한 감성지수를 높이는 교육으로의 질적 전환이 이루어져야 하기 때문이다. 창의적인 세계적 기업 중 하나인 픽사가 창조기업으로 성장할 수 있었던 원동력 중 하나는 다름 아닌 '픽사 유니버시티(Pixar University)'라는 사내 교육이다. 이 교육은 디자이너, 마케터, 요리사 등 픽사의 모든 직원을 대상으로 하며, 데생, 조각, 회화, 연극 등 다양한 예술 교육 프로그램이 가동되고 있다. 직원들은 이를 통해 관찰력과 창의성뿐 아니라, 조직 내 협업과 배려 등의 감성력을 향상하고 있다.

데생을 교육하는 가장 큰 이유는 데생을 하면서 사물을 유심히 관찰하게 되는데, 이런 습관이 체화되면 직원들이 통찰력과 영감을 가질 수 있게 되기 때문이다. 비즈니스 현상과 본질을 꿰뚫어보는 첫 단추가 관찰임을 알고 있는 픽사는 예술가들에게 있어서 가장 근본이 되고 기본이 되는 것 또한 관찰이므로 데생을 교육하는 것이다. 결코 피상적으로 데생을 약간의 있어 보임을 위한 양념 정도로서의 교육으로 바라보면 안 된다. 그러한 생각을 가지고 교육 프로그램을 구성하면, 마치 그림 3-1에서 언급한 '예술적 개입 가치 매트릭스'에서 엔터테인먼트 정도의 소극적인 예술적 개입, 즉 직원들의 복리후생 차원에서의 단발성 교육 그 이상이 되지 못하며, 이러한 교육을 받은 조직 구성원은 경영 현장에 이 데생 교육을 통해 체득한 것을 접목하지 못하게 된다.

픽사에서는 프로그래머, 마케터, 디자이너, 영업 직원뿐만이 아니라 요리사, 경비원 등도 똑같은 자격으로 교육을 받을 수 있으며, 직원들은 일주일에 최소 4시간씩 교육을 받는다. 이 픽사 유니버시티를 이끌고 있는 사람은 저글링 곡예단 멤버라는 독특한 이력을 보유하고 있는 랜디 넬슨이다. 특히 주목할 것은 픽사 유니버시티 건물에는 라틴어로 "나는 더 이상 혼자가 아니다(Alienus Non Diutius)"라는 문구가 새겨져 있는데, 이는 개인의 창의성과 더불어 집단 협업 및 창의성을 극대화하고자 하는 철학을 투영한 것이다.

또한 픽사는 집단지성과 창의성의 극대화를 위해 '브레인 트러스트(brain trust)'를 가동하는데, 이 위원회는 경험이 많은 감독으로 구성되어 있으며, 제작팀은 언제라도 브레인 트러스트에 조언을 구할 수 있다. 다만 하나 특이한 점은 이 위원회의 조언을 받아들일지 말지는 철저히 해당 제작팀에서 결정함으로써 자율성과 전문성의 조화를 이루어 나간다. 픽사는 위계질서에 의해서 조직이 운영되는 것이 아니라, 끊임없이 가치를 지향하며, 최고의 작품을 만들고자 하는 일념으로 자율적인 조직 문화 속에서 업무가 이뤄지고 있는 것이다.

요리사가 되고 싶은 생쥐의 이야기를 그린 영화 〈라따뚜이〉의 주인공인 래미는 "두 가지 맛을 섞으면 특별한 맛이 창조된다(Combine one flavor with another, and something new is created)"라고 말했다. 픽사 직원은 이 말을 몸소 실천하고 있고 다양한 조직 구성원 간의 만남을 통해 창의에 대한 끊임없는 자극을 주고받고 있다.

픽사 사옥은 독특한 구조를 가지고 있다. 픽사의 투자자 중 한 명이었던 스티브 잡스는 중앙광장에 회의실, 화장실, 카페테리아 등의 주요 시설을 배치함으로써 직원 간에 왕성한 소통이 이루어져 창의의 샘물이 터질 수 있도록 의도된 디자인을 구현했다. 창의가 창출될 수 있도록 다양한 요소를 고려했기에 픽사는 창의성의 아이콘으로 불릴 수 있다.

픽사의 예술 교육은 직원들의 단순한 복리후생이 아니다. 바쁜 업무에서 잠시 머리를 식히라고 직원들의 휴식 차원에서 예술 교육을 실시하는 것이 아니다. 창의성의 극대화를 위해 프로 정신에 기반한 예술 교육이 이루어지고 있다고 보아야 한다. 그냥 멋있어 보이니까 하는 형식에 치우친 교육이 아니라, 간절하고 꼭 필요하기에 실시되고 있는 것이다. 이러한 기업 교육은 픽사뿐만이 아니라 세계적인 기업들의 커다란 흐름이다. 글로벌 기업인 유니레버

(Unilever)에서는 '카탈리스트(Catalyst)' 프로그램을 가동하고 있다. 이 프로그램에서는 글쓰기 능력을 향상하기 위해 시인과 협업하고, 프레젠테이션 스킬을 향상하기 위해 연극배우를 활용하고 있다.

이러한 예술 교육은 좌뇌적 사고방식에서 보면 직원들이 한가롭게 데생을 하고 있는 모습이 그리 반갑지 않을 수 있는데, 바로 이러한 사고방식에서 탈피해야 새로운 교육 과정, 프로그램을 구성할 수 있게 된다. "우물을 깊게 파려거든 넓게 파야 한다"라는 말이 있듯이 이제 기업 교육 프로그램을 전면적으로 백지에서부터 재검토해야 한다. 현재의 교육 프로그램은 이전의 산업혁명에 잘 부합했지만, 새로운 패러다임에 부합하는 새로운 기업 교육 프로그램이 디자인되어야 한다. 아울러 인재상의 재정립도 이루어져야 할 것이다. 무엇이 창의적인 인재를 키우는 것인지에 대한 해답은 바로 예술에 있으며, 경영에 예술이 적극적으로 개입되어야 하는 이유이다. 여기서의 예술은 단순한 예술 지식을 습득하는 것이 아니라 예술 창작의 통찰력을 키우는 것이 핵심이다.

4. 창의의 아이콘! 예술 리더십

'뉴욕 오르페우스 챔버 오케스트라'는 지휘자 없는 오케스트라로 유명하다. 마에스트로라 불리는 지휘자 없이 연주와 공연이 가능한 것인지에 대해 의아하게 생각할 수 있다. 왜냐하면 지휘자의 곡 해석을 비롯해 지휘자의 취향이 고스란히 연주에 반영되기 때문이다. 연주자들은 지휘에 따라 연주를 하는 연주자를 뛰어넘어 한 사람의 연주자이자 예술가, 음악인으로서 연주 작품에 의견을 제시한다. 이렇게 동료와 소통함으로써 연주에 더욱 생기가 돌게 되는 것이다.

지휘자인데 지휘를 하지 않는 지휘자를 본 적이 있는가? '레니'라는 애칭으로 세계인의 사랑을 받은 레너드 번스타인은 1958년 뉴욕필 최초의 미국 상임지휘자이자 음악감독이다. 번스타인이 지휘하는 뉴욕필은 대성공을 거두었는데, 번스타인은 지휘 도중 흥이 나서 점프를 하는 등 지휘자의 딱딱하고 엄격한 이미지를 벗고 열정적으로 지휘하는 모습으로 수많은 사람들을 매료시켰다. 또한 번스타인은 지휘자 무대에 서서는 지휘봉을 사용하지 않고 연주자들과 눈빛과 표정을 주고받으면서 연주를 이끌었는데 이 모습은

그림 3-3 위대한 지휘자, 레너드 번스타인
자료: 레너드 번스타인 공식 홈페이지(leonardbernstein.com).

그야말로 예술 그 자체라고 말할 수밖에 없다.

지금 언급한 두 가지 사례는 경영에서 리더십이 어떻게 바뀌어야 하는지에 대한 다양한 시사점을 주고 있는데, 리더십의 색깔은 표 3-2에서 보듯이 통제, 충성, 카리스마의 하드한 스타일에서 보다 소프트한 리더십으로 변화가 이루어지고 있다. 특히 미래에서는 상상과 창의가 혁신 경영과 지속성장에 있어서 매우 중요한 역할을 할 것이기에 이러한 기질을 갖춘 리더가 미래에 부합할 것이다.

경영을 관리, 통제하여 효율성 있는 조직을 위해서 필요한 리더십이 20세기의 리더십이었다면, 이제 미래의 리더십은 기존의 리더십을 뛰어넘어야 하는 상황에 놓여 있다. 특히 4차 산업혁명은 앞에서 언급한 VUCA(Volatility, Uncertainty, Complexity, Ambiguity) 세계의 환경인데, 기존의 리더십으로는 승부를 보기가 어렵고, 오히려 조직의 성과를 더욱 악화할 수 있다.

기업 현장에서 CEO에게 부여되는 경영 이슈 중 하나는 창의적인 기업으로 전환하는 것이며, 창의적인 기업으로 전환하기 위해서는 경영 리더가 우선적으로 창의 리더십을 지니고 있어야 한다. 안네트 모저 웰만(Annette Moser-Wellman)의 저서 『창조적 인재의 5가지 얼굴』에서는 다음과 같이 다섯 가지를 강조하고 있는데, 언급된 다섯 가지는 바로 예술 DNA에 기반한 리더십이라고 볼 수 있다.

우선 첫 번째로는 선지자(seer)의 얼굴로서 이미지를 보는 능력이다. 레오나르도 다빈치는 "이 우주에 존재하는 것이 무엇이든지, 화가는 먼저 마음으로 본질과 형태를 보고 나서 그 다음에 손으로 그린다"라고 했다. 폴 고갱은 "나는 보기 위해서 눈을 감는다"라고 했다. 경영 리더는 이처럼 마음이 보는 것을 사람에게 알려야 한다. 맥도날드를 키워낸 레이크 룩은 밀크쉐이크 믹서기 영업 사원이었는데, 우연히 가족이 운영하는 맥도날드 햄버거 가게에 들렀다가 맥도날드 제국을 건설하는 그림을 마음속으로 그려본다. 어찌

연대	강조점	대표적 정의
1900 ~1929년대	통제, 권력 행사, 복종, 충성	리더십이란 리더의 의지를 추종자들에게 각인시켜 복종, 존경, 충성, 협력 등을 이끌어내는 능력 (Moore, 1927)
1930년대	성격, 개인 특성, 전인(great man)	한 사람의 특성이 다른 사람의 특성과 상호작용한 결과로 다른 사람의 행동양식을 변화하는 것 (Bogarddus, 1934)
1940년대	설득, 자발성	설득과 모범을 통해 사람들이 일정한 행동을 따르도록 영향력을 행사하는 기술 (Copeland, 1942)
1950년대	관계, 행동, 효과성	집단의 활동을 공유된 목표를 향해 이끌어가는 개인의 행동(Hemphil & Coon, 1957)
1960년대	공동 목표, 행동 패턴, 구조화	공동의 목표를 달성하기 위해 다른 사람들의 행동에 영향을 미치는 것(Gibb, 1969)
1970년대	의사결정 스타일, 상호 영향, 귀인	리더와 추종자 사이에 지속적인 거래를 포함하는 영향력 행사의 과정(Hollander, 1978)
1980년대	카리스마(강한 의지, 비전), 변화 주도, 조직 목표 성취	자기 자신의 비전이나 이슈 실현을 목적으로 메시지를 분명히 하고 다른 사람들의 지원을 확보하여 결과를 산출하는 것 (Heifetz & Sinder, 1988)
1990년대	혁신, 자아, 추종자	다른 사람(추종자)들이 스스로를 효과적으로 이끌도록 영향력을 미치는 과정 (Manz & Sims Jr., 1990)
2000년대	신뢰, 가치, 시스템	조직의 인적 자본과 사회적 자본의 증진을 통해 집단지능을 향상시켜 조직의 적응력을 극대화하는 행위(Marion & Uhl-Bien, 2001)

표 3-2 리더십 정의의 시대적 변천 **자료:** 백기복, 『리더십의 이해』(창민사, 2009).

보면 사실보다는 직관이 말하는 소리에 귀를 쫑긋 세워야 한다.

두 번째로는 관찰자(observer)의 얼굴로서 세부를 인지하는 능력이다. 윌리엄 셰익스피어는 시인의 눈은, 그 아름답고 광기 어린 눈동자를 굴리며, 천상에서 지상까지, 지상에서 천상까지 모든 것을 본다고 표현했다. 이처럼 예술가에게 있어서 관찰은 창작과 창의의 첫 단추라고 볼 수 있다. 이러한 관찰의 DNA가 창의 경영과 창조적인 조직으로 이끌어가기 위한 매우 중요한 리더십 요소이다. 여기서 중요한 것은 주변의 작은 것들을 포착하는 것이다. 어린 딸을 데리고 공원에 간 월트 디즈니는 어른들의 따분한 표정, 낡은 회전목마 등을 관찰하면서 아이와 어른이 함께 즐기며 놀 수 있는 공간이 있으면 얼마나 신날까 생각했다고 한다. 월트 디즈니의 이 관찰이 디즈니랜드를 탄생시켰다.

세 번째로는 연금술사(alchemist)의 얼굴로서 영역을 넘나들며 연결하는 능력이다. 이 능력은 예술가에게 있어서 끊임없는 경계의 파괴를 일으키며, 새로운 가치를 세상에 전하고자 하는 예술 창착의 과정이라고 볼 수 있다. 역발상을 비롯한 융합적 사고, 통섭적 사고는 세상을 새롭게 만들어가는 데 필수적인 요소이다.

네 번째로는 바보(fool)의 얼굴로서 실수를 환영하는 능력이다. 이는 실수를 계속해도 좋다는 것이 아니다. 실수를 통해서 배울 수 있을 뿐 아니라 실수를 통해 새로운 것을 무궁무진하게 발견할 수 있다는 의미다. 포스트잇의 사례는 우연과 실수의 과정에서 어떻게 새로운 기회가 탄생되는지를 잘 보여주는 대표적인 사례이다.

쓰리엠(3M)의 직원인 스펜서 실버는 새로운 접착제를 만들고 있는 중이었는데, 새로 개발한 제품은 접착성은 있지만 잘 떨어졌다. 소위 실패작이었다. 하지만 쓰리엠은 이 실패작을 새로운 시각으로 바라보았다. 바로 떼었다 붙였다 하는 접착제라는 새로운 가치를 부여함으로써 포스트잇은 실패한 제품이 아닌 전 세계적인 히트작이 되었다. 만약 이 제품을 제대로 기능을 하지 못하는 제품으로 인식하고 폐기처분했다면 지금의 포스트잇은 세상에 나오지 못했을 것이다. 포스트잇 사례에서 볼 수 있듯이 잘못되었다기보다는 다름의 관점을 지니고 현상을 해석하면 새로운 기회를 포착할 수 있는 것이다. 이러한 리더십은 조직 구성원들에게 더욱 도전적으로 열정을 지니고 일을 할 수 있는 분위기와 조직 문화를 형성해줄 것이다.

마지막으로는 현인(sage)의 얼굴로서 단순화하는 능력이다. 이는 피카소가 황소를 그리는 과정을 연상해보면 쉽게 알 수 있는데, 피카소는 황소를 그리기 위해 황소의 본질에 초점을 맞추면서 불필요한 것은 다 덜어내면서 마침내 황소의 추상화를 완성했다. 예술에서는 추상화라고 불리는 것이 경영에서는 단순화와 일맥상통한다. 다만 단순화하기 위해서는 반드시 본질을 꿰뚫어야 하는데 만약 본질에 접근하지 못한다면 결코 단순화를 제대로 해낼 수 없다. 복잡한 비즈니스 현상을 간결하고 단순화하여 핵심과 본질이 무엇인지를 간파해내지 못하면, 복잡한 비즈니스 환경에 쫓겨 다니는 바쁘게 사는 패자 기업이 될 것이다. 따라서 이제 창의의 아이콘을 지닌 기업을 이끌어가기 위해서는 예술 리더십을 지녀야 한다. 이러한 예술 리더십을 통해 감성과 창의가 넘쳐나고, 조직 구성원이 신나게 일에 몰입해서 본인의 기량을 십분 발휘할 수 있고, 상대방과 소통하고 호흡하는 격 있는 조직으로 거듭나야 될 것이다.

2부

아트경영의 실천

4장

예술적 자본이
기업의 운명을 바꾼다

앞에서는 4차 산업혁명과 새로운 패러다임의 대전환 속에서 왜 아트경영이 부각될 수밖에 없는지 알아보고, 인간의 본성 측면에서 예술을 조명해보았으며, 보다 구체적으로 경영에서의 예술적 개입과 창조적 충돌의 의미에 대해서 되새겨보았다. 왜 경영을 관리해서는 안 되고 경영을 예술해야 하는지에 대해 느꼈으리라 생각한다.

미래 지속적인 파괴적 혁신을 위해 기업이 지녀야 할 새로운 자본들이 필요한데 필자는 이를 예술적 자본(artistic capital)이라고 명명하고자 한다. 미래 성장과 혁신, 그리고 조직 구성원들이 동기 부여가 되어 있는 행복한 직장을 구현함에 있어서 미래 기업은 새로운 개념의 자본을 지니고 있어야 한다. 새로운 개념의 자본이라 함은 과거에는 유한 자원인 노동(labor), 토지(land), 자본(capital) 같은 물리적인 개념이었던 것에 비해 이제는 물리적 개념보다는 무한자원의 자본이 혁신을 이끌게 되기 때문이다. 이제 기업이나 기관에는 예술적 자본이 얼마만큼 축적되어 있는지를 살펴보도록 하자.

1. 파괴적 혁신의
골든 키(EFMC), 예술적 자본

지금까지 기업경영에 있어서는 물리적인 자산인 노동, 자본 등의 요소가 매우 중요했고 많은 성과를 창출해왔다. 그러나 미래 시대에는 어느 기업이 예술적 자본을 축적하고 있느냐에 따라 기업의 운명이 바뀌게 될 것이다. 왜냐하면 창의적이고 파괴적인 혁신을 지속적으로 추구하는 기업, 긍정적인 조직 구성원들 스스로가 내적 동기 부여가 되어 일에 몰입하여 놀라운 성과를 창출하는 기업이 되기 위해 필요한 것이 예술적 자본이기 때문이다. 예술적 자본은 EFMC 모델로 크게 4개의 요소로 구성되어 있다. EFMC는 감성과 긍정 정서인 'Emotion', 몰입을 통한 일의 즐거움인 'Flow', 조직을 춤추게 하는 내적 동기 부여인 'Motivation', 혁신의 원천인 'Creativity'로 이루어진다. 이는 모두 예술을 통해 터득되는 요소들로 예술가들이 예술을 창작하는 과정에서 발생되는 요소들이다. 이러한 요소들이 조직 차원으로 체화될 때 기업은 비로소 예술적 자본을 갖추게 되는 것이다. 예술적 자본을 보유하고 있는 기업은 그야말로 파괴적 혁신의 황금 열쇠를 지니고 있다고 해도 과언이 아니다.

반면에 예술적 자본을 갖추지 못한 기업은 감성지능이 약하고, 일에 있어서 몰입이 일어나지 않고, 내적 동기 부여가 부족해 주체적인 존재로서의 정체성을 갖지 못하면서 창의성이 꽃피지 않는 조직이므로 미래 희망이 있는 기업이라 보기 어려울 것이다. 이러한 기업에 많은 연구개발비와 투자가 이루어진다 한들, 그리고 외견상 24시간 밤 새워서 일을 한다 해도 그 결과는 밝지 않으므로 기업은 미래 예술적 자본을 축적해야 한다. 그럼 예술적 자본을 형성하는 요소에 대해 하나하나 세부적으로 살펴보자.

■ **예술적 자본 1: 감성과 긍정 정서의 파괴력(Emotion)**

앞에서 언급했듯이 대니얼 골먼은 감성지능(emotional intelligence)을 "우리 자신의 감정과 다른 사람의 감정을 인식하고, 스스로에게 동기를 부여할 수 있으며 타인과의 관계 속에서 감정을 잘 조절하는 능력"이라고 정의했다.

감성지능은 자기감정 인식, 자기감정 절제, 자기동기 부여, 타인감정 인식, 사회적 기술 등을 포함한다. 그는 이 가운데 자기인식이 감성지능의 가장 근본임에도 불구하고 일반적으로 비즈니스 환경에서는 그것이 무시되고 있다고 주장한다. 많은 기업들이 감성지능이 아닌 인지지능에 기반을 두고, 통제와 관리에 기반한 경영 활동을 전개해왔다. 기업의 조직 구성원 내에서 인간은 투입자원의 대상이자 수단이었으나 이제는 인간의 가장 본질적이고 근본적인 요소에 부합해야 하는 시대가 오고 있으며, 그 요소가 바로 감성과 긍정 정서인 것이다.

긍정심리학을 창시한 마틴 셀리그먼(Martin Seligman) 교수는 다양한 실험을 통해 낙관적인 사람이 직장에서 성공하고 비관적인 사람보다 오래 산다고 분석했으며, 낙관적인 학생이 성적도 좋고, 낙관적인 운동선수가 승리한다는 사실을 밝혀냈다. 낙관성에는 '학습된 무기력'과 '설명 양

예술적 자본을 갖추지 못한 기업에서 나타나는 현상

E: Emotion 감성 및 긍정 정서
- 인지지능은 있으나 감성지능의 결핍 현상
- 와! 좋은 아이디어인데 "어떻게 해볼 수 있을까"라는 긍정적인 성향보다
  "그거 되겠어?"라는 부정적인 성향의 생각이 팽배
- 어려움을 극복하는 힘이 매우 약하며, 회복 탄력성이 더딤

F: Flow, 몰입
- 일 자체에 대한 의미와 즐거움이 매우 약함
- 시간 가는 줄 모르고 일하기보다는 시간을 때우기 위해 일을 하는 경우도 있음

M: Motivation, 내적 동기
- 스스로가 자발적으로 의욕 고취가 되기보다는 외적 요인에 의한 행동 유발 형태
- 자기주도의 셀프경영(self management)이 잘 이루어지지 않음

C: Creativity, 창의
- 조직의 창의성이 위축되어 있으며, 자율성이 저해되는 경향이 강함
- 창의적인 조직 문화를 갖추지 못하고, 위계질서가 강하게 구축되어 있는 조직

그림 4-1 예술적 자본(artistic capital, EFMC)

식'의 개념이 있다. '학습된 무기력'이란 자신은 무엇인가를 변화시킬 수 없다고 스스로 포기하는 것을 말한다. 동물 실험 결과 최초의 전기 충격을 무기력하게 경험하고 나면, 동물들은 그 후 경미한 전기 충격에도 도망치려고 하지 않는 현상이다.

또한 '설명 양식'은 사건이 일어난 이유를 스스로에게 습관적으로 설명하는 방식을 말하는데 이는 학습된 무기력에 크게 영향을 준다. 셀리그먼에 따르면 비관적인 사람의 특징은 안 좋은 일이 오랫동안 지속돼 자신의 모든 일들을 위태롭게 하고 나아가 이런 것들이 모두 자신의 탓이라고 쉽게 생각하는 것이다. 낙관적인 사람들은 세상을 살면서 똑같이 어려운 일에 부딪혀도 비관적인 사람과 정반대로 생각한다. 낙관적인 사람은 실패를 겪어도 그저 일시적인 후퇴로 여기며 그것의 원인도 일부로 보는 경향이 있다. 실패가 자신의 탓이 아니라 주변 여건이나 불운 혹은 다른 사람 때문에 생긴 것이라고 생각한다. 이런 사람들은 실패에 주눅 들지 않는다. 안 좋은 상황에 처하면 이것을 오히려 도전으로 간주해 더 열심히 노력한다.

낙관성은 조직의 성공에도 큰 영향을 미친다. 직원을 채용할 때는 적성과 동기도 중요하지만 낙관성이 없으면 시련

이 닥쳤을 때 인내하지 못하기 때문이다. 특히 보험회사 직원처럼 거절을 많이 당하는 직업은 낙관성이 가장 중요하다. 이처럼 낙관성은 미래에 대한 긍정적인 기대와 전망이고, 미래의 일들이 긍정적으로 잘 펼쳐질 것이라는 전반적인 기대이며, 자신의 행동과 노력으로 인해 추구하는 목표를 성취할 수 있을 것이라는 희망이다. 다만 낙관성이란 맹목적인 믿음이 아니라 실패를 했을 때 부정적인 사고를 하지 않는 것이다.

비관적인 사람은 주식 투자에 실패했을 때 "내가 하는 일이 그렇지 뭐, 이럴 줄 알았어"와 같이 말한다. 그렇게 생각하면 삶은 절대 바뀌지 않는다. 낙관적인 사람은 현실을 받아들이면서도 스스로를 부정하지 않고 자신이 유능하다고 생각하며 자신이 미래의 긍정적 결과에 영향을 미칠 수 있다고 믿는다. 그래서 희망을 품고 위험을 감수하고 인내하기 때문에 성공할 가능성이 높은 것이다. 또한 낙관적인 사람은 장애에 부딪히거나 좌절을 겪을 때 막연한 믿음만 갖는 게 아니라 좋아질 것이라고 믿고 창의성을 발휘해 문제를 해결할 수 있는 대안을 찾아낸다. 어떤 상황에서도 최종 목표를 보고 간다는 것이다. 낙관주의는 희망처럼 좌절과 차질이 닥쳤을 때에도 일반적으로 점차 형편이 좋아질 것이라는 강한 기대를 갖는 것을 의미한다.

감성지능의 관점에서 낙관주의는 힘겨운 상황에 직면했을 때 냉담, 무기력, 우울증에 빠지지 않도록 보호해주는 태도다. 희망과 마찬가지로 낙관주의는 인생에 이익을 가져다준다. 물론 그 낙관주의가 현실적이어야 한다는 조건이 붙는다. 너무 순진한 낙관주의는 오히려 문제를 가져올 수 있기 때문이다.

낙관성에 대해서 오해하는 사람들이 더러 있다. 낙관적인 것이 마치 맹목적으로 현실을 도외시하는 것이라고 생각하는 경향이 있는데 전혀 그렇지 않다. 비관성 또한 예리한 현실 감각을 유지시켜주는 측면에서 유용한 점도 있다. 다만 우리는 좌절을 어떻게 생각하고 나아갈 것인지에 대한 접근에서의 낙관성을 지니는 것에 초점을 맞추어야 한다.

셀리그먼은 비관적인 사람은 쉽게 우울해지고, 자신이 하는 일에서 자기 재능에 못 미치는 성과를 거둘 가능성이 크며, 몸의 건강과 면역 기능이 별다른 이유 없이 저하되고 나이가 들수록 더 심해지며, 사는 것이 썩 즐겁지 않다고 했다. 기업 채용에 있어서 일반적으로 학벌, 경력을 보는 것에 대해 일침을 가한 셀리그먼의 연구 사례가 있다.

셀리그먼의 연구 요지는 보다 인간의 본성에 초점을 맞

추는 채용 전략을 가져야 한다는 것이다. 기업경영에 있어서 낙관성이라는 감성 자본을 얼마만큼 갖추느냐에 따라 조직 구성원의 업무 만족도와 성과가 현격하게 차이가 나는 것이 입증되고 있다. 그런데도 우리는 지금도 학벌과 경력에 너무 집착하고 있는 나머지 우뇌의 강력한 능력을 감지하고 있지 못하다.

　구체적인 사례를 살펴보면 더욱 잘 이해할 수 있을 것이다. 세계적인 기업인 미국 메트라이프 보험 회사는 매년 약 6만 명의 응시자 가운데 5,000명을 사원으로 선발했는데, 채용된 사람들 중 50%가 1년 이내에, 70~80%가 3년 내에 퇴사했다. 1982년 CEO였던 크리돈은 높은 퇴사율을 해결할 방법을 모색하는 것을 셀리그먼에게 의뢰했다. 셀리그먼은 낙관성 척도를 측정하는 검사를 개발하여 원래 회사가 선발하던 기준으로 뽑은 1,000명 이외에 낙관성 척도가 높은 129명을 더 채용했다.

　결과는 매우 놀라웠다. 기존 방식으로 채용한 직원들은 1년이 지나자 60%가 퇴사했으나, 129명은 1년이 지나도, 2년이 지나도 퇴사하지 않았다. 더욱 놀라운 것은 129명의 실적이 1,000명의 실적보다 27% 이상 높게 나왔다는 것이다. 이 결과를 토대로 메트라이프는 낙관적이지 않은 사람

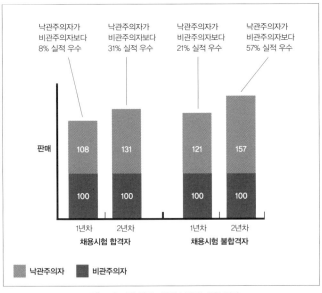

그림 4-2 마틴 셀리그먼의 낙관성 실험 결과

자료: Martin Seligman, *Learned Optimism: How to Change Your Mind and Your Life*(Vintage, 1991).

은 뽑지 않게 되었다.

이처럼 인지지능이 아닌 감성지능에 기반한 채용은 기존의 채용 방식을 거부하고 새로운 인재상에 부합하는 인재를 뽑는 과정을 거치게 된다.

감성에서 우리가 또한 빼놓을 수 없는 것이 바로 조직 내 긍정심리 자본에 대한 것이다. 과거에 조직 분석에 있어서는 주로 무엇이 문제이고, 왜 안 되는가의 부정적인 관점에서 많은 연구가 이루어졌다. 이후 긍정심리학과 긍정조직행동(Positive Organizational Behavior: POB)에 의한 조직 연구의 틀이 형성되었고, 이것에 기반해 긍정심리 자본(psychological capital)의 개념이 형성되었다.

긍정심리 자본은 프레드 루선스(Fred Luthans) 교수에 의해 정립되었는데, 희망(Hope), 효능감(Efficacy), 회복탄력성(Resilience), 낙관주의(Optimism)의 4대 요소(HERO)로 구성되어 있다. 희망은 어떤 일을 이루거나 얻고자 하는 기대이자 바람이다. 효능감은 성공적으로 수행할 수 있다는 능력이 있다는 믿음과 확신이며, 회복탄력성은 실패나 역경, 좌절감을 경험했을 때 다시 원상태로 복귀하거나 그것을 뛰어넘을 수 있는 힘이다. 마지막으로 낙관주의는 과거에 대한 책임을 부정하지는 않지만, 관대하게 긍정적으로 재구성하는 능력으로서 현재에 대한 엄밀한 평가와 미래의 기회를 찾는 의지이다.

다양한 연구 결과에 따르면 긍정심리 자본은 조직 구성원의 직무 만족도와 행복감을 증진하며 조직 구성원이 조직에 더욱 몰입하게 해주는 것으로 나타났다. 창의적 조직을 형성하기 위해서는 조직 내 이러한 긍정심리 자본, 긍정 정서가 뒷받침되어야 한다. 이는 조직 구성원의 생각,

희망

1. 나는 직무 중에 곤란한 상황을 스스로 해결해야 한다면, 그런 문제를 해결할 다양한 방안을 생각해낼 수 있다.

2. 나는 요즘 내 목표를 달성하기 위해 최선을 다하고 있다.

3. 나는 어떠한 문제든지 그것을 해결할 수 있는 방법을 다양하게 생각할 수 있다.

4. 나는 지금 직장에서 상당히 성공적이라고 생각한다.

5. 나는 최근 업무 목표를 달성하기 위한 다양한 방안을 생각할 수 있다.

6. 나는 요즘 나 자신을 위해 설정한 업무 목표를 잘 충족하고 있다.

효능감

1. 나는 해결책을 찾기 위해 장기적인 문제를 분석하는 일에 자신이 있다.

2. 나는 내 분야에서 어려움에 처했을 때 이에 대응할 자신이 있다.

3. 나는 우리 회사의 전략에 대해 논의할 때 기여할 자신이 있다.

4. 나는 업무 영역에서 목표 설정에 도움을 줄 자신이 있다.

5. 나는 문제를 논의하기 위해 공급자, 고객과 같은 회사 외부 사람들을 자신 있게 접촉할 수 있다.

6. 나는 동료들에게 내가 가진 정보를 자신 있게 제공할 수 있다.

회복탄력성

1. 나는 직장에서 좌절할 때 그것을 견뎌내고 회복하기가 어렵다.

2. 나는 종종 직장에서 겪는 어려움을 다양한 방식으로 잘 관리한다.

3. 나에게 업무가 주어진다면 '그래, 내 일이야'라고 생각한다.

4. 나는 종종 직장에서 스트레스를 받는 일도 수월하게 해낸다.

5. 나는 이전에 어려움을 경험했기에 직장에서의 힘든 시간을 잘 극복할 수 있다.

6. 나는 일을 할 때 동시에 여러 가지를 수행할 수 있다.

낙관주의

1. 내가 하는 업무의 결과가 불확실할 때 나는 보통 최선의 결과를 기대한다.

2. 나의 업무와 관련해서 문제가 생기면 그 일이 잘 안 될 것이라고 받아들이는 편이다.

3. 나는 항상 내 일의 밝은 면을 보려고 한다.

4. 나는 일과 관련하여 미래에 발생할 것들에 대해 낙관적이다.

5. 내가 맡은 일은 결코 내가 원하는 방식으로 풀리지 않는다.

6. 나는 어두운 부분이 있으면 반드시 밝은 부분도 있다는 생각으로 업무를 대한다.

표 4-1 긍정심리 자본 요소 및 측정 항목

자료: Luthans, F. et al., "Positive Psychological Capital: Measurement and Relationship with Performance and Satisfaction", *Personnel Psychology*, Vol.60, No.3 pp.541–572(2006).

사고, 행동의 범위를 경직되게 하는 것이 아니라 유연하고 자유롭게 함으로써 창의적인 도전의 틀을 형성해주기 때문이다.

따라서 혁신적인 기업으로의 도약을 위해서는 조직 내 긍정심리 자본이 형성되어 있어야 보다 창의적이고, 업무의 몰입도가 높은 조직을 구현해나갈 수 있다. 이러한 긍정심리의 감성 자본은 현재 우리가 사용하는 대차대조표 등의 재무제표에는 나타나 있지 않은 자본의 성격이라고 할 수 있다.

긍정심리 자본을 싹틔우기 위해 기업 차원에서는 조직의 리더가 구성원의 잠재력에 대한 믿음과 신뢰를 갖는 것이 매우 중요하다. 구성원에 대한 믿음과 신뢰는 어떠한 관점으로 직원을 바라보느냐와 직결되며, 아트경영에서 이야기하듯이 인간을 '객체'로 바라보는 것이 아닌 '주체'로 바라보는 것이 핵심 중 핵심이다.

해군 제독의 역할과 관련한 이야기를 해보자면, 큰 전함을 출항시키기 위해서는 수병들이 오랜 기간 체계적으로 시뮬레이션을 포함한 훈련을 받는다고 하는데, 출항할 때쯤 되면 해군 제독의 유니폼이 하얀색에서 핑크색으로 변해 있다고 한다. 이유인즉슨 해군 제독은 초보 수병들의 실수를 보고도 직접 지적을 해서는 안 되기 때문이라고 한다. 지적을 하게 되는 순간 결코 역할을 독립적으로 수행하는 자율적인 수병으로 키울 수 없기 때문에 부하를 믿고, 그들이 실패하는 것을 참고 인내하면서 입술을 하도 깨물어서 피가 흥건히 유니폼을 적신다는 것이다.

또한 조직 구성원은 셀프리더십이 구축되어야 하는데 이를 위해서는 리더의 구성원에 대한 신뢰, 이에 기반한 권한위임(empowerment)이 반드시 수반되어야 한다.

이처럼 인지지능이 아닌 감성지능을 조직 내에서 키웠을 때, 기업경영에 감성이 투영되어 완전히 새롭게 바뀌게 된다. 우선 제품개발 과정에서는 감성이라는 요소가 접목되어 그간 해오던 전통적인 제품개발 방식에서 탈피하여 고객과 공감하고, 고객의 경험 가치를 창출하기 위한 치열한 고민이 이루어지면서 제품에서 감동이 묻어나오게 될 것이다. 소위 조금 더 괜찮은 제품이 아니라 감동과 설렘이 있는 제품이 출시되는 것이다. 이는 이전과는 완전히 다른 결과물이며, 아울러 일하는 과정 자체에도 커다란 변화를 맞이하게 될 것이다.

더불어 일을 수행하는 조직 구성원들의 변화는 어떠할까? 조직 구성원들은 구성원 간의 상호 다름을 인정하고,

소통하고 배려하는 분위기가 형성이 된다. 또한 어려운 상황에 놓였을 때 감성과 긍정 정서는 막강한 파워를 발휘하게 되는데, 어떻게 해볼 수 있을까라는 긍정 에너지와 회복 탄력성은 조직을 더욱 견고하게 만들어내는 토대를 형성해 나간다.

이제 기업은 채용부터 교육, 제품 개발, 마케팅, 영업에 이르기까지 감성의 자본이 축적될 수 있도록 경영해야 한다. 이러한 감성과 긍정 정서는 기업을 더욱 창의적이고 자율적인 조직으로 만들고 기업이 기존의 한계를 넘어서는 성과를 창출해내는 원동력이 된다. 이러한 감성지능을 높이는 데 있어서 예술은 매우 중요한 역할을 수행한다.

■ 예술적 자본 2: 몰입과 일의 즐거움(Flow)

대부분 몰입을 해본 경험이 있을 것이다. 예술가 역시 작품의 창작 과정에서 몰입을 경험하면서 예술 작품을 탄생시킨다. 몰입했을 때의 느낌은 어떠할까? 시간 가는 줄 모르고 완전히 빠져들었다, 전혀 자각하지 못했다는 등의 반응이나 운동선수가 말하는 물아일체, 신비주의가 말하는 무아지경, 예술가가 말하는 미적 황홀경 등의 느낌과 일치한다고 볼 수 있다.

자신이 좋아하는 일을 하면서 몰입할 때 느끼는 만족감은 심리적 성장에 기여한다. '몰입'은 삶이 고조되는 순간에 물 흐르듯 행동이 자연스럽게 이루어지는 느낌을 표현하는 말로, 자신이 좋아하는 일을 할 때 혹은 강점을 발휘할 때 자연스럽게 경험할 수 있다. 보통 몰입을 하고 있는 순간에는 행복하다는 느낌을 받는다.

몰입 활동은 한층 더 높은 수준의 활동을 할 수 있도록 돕고 이전에 경험해본 적 없는 인식의 상태를 느끼게 해주며 몰입 활동을 통해 즐거움을 얻고 창의성을 발전시키면서 자아를 성장시킬 수 있다. 몰입을 경험하고 만족하는 데서 끝나는 것이 아니라 자아를 더 긍정적인 방향으로 성장하게 돕는 것이 몰입 활동의 핵심이다.

몰입이 가져오는 행복에 대해 긍정심리학자인 미하이 칙센트미하이(Mihaly Csikszentmihalyi)는 다양한 연구를 수행했다. 그림 4-3에서 보는 바와 같이 칙센트미하이는 몰입 이론에서 도전과 능력이라는 두 축을 바탕으로 무관심, 불안, 지루함, 플로우로 구분했다. 여기서 말하는 플로우가 바로 몰입이다. 칙센트미하이는 도전적이고 능력이 있으면 몰입의 세계로 빠져든다고 보고 있다. 반면에 능력은 있는데, 도전이 약한 경우에는 몰입이 일어나지 않고 지루함이 된

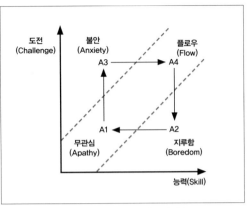

그림 4-3 칙센트미하이의 몰입 이론

자료: Mihaly Csikszentmihalyi, *Flow: The Psychology of Optimal Experience*(2015).

다. 따라서 기업경영에 있어서는 조직 구성원에게 도전적인 환경이 조성되지 않으면 곧 일에 대한 흥미를 잃게 되는 것이기에, 몰입의 환경을 조성해주는 것이 바로 리더의 역할이다. 아울러 구성원 스스로도 일에 대한 몰입도를 높이기 위한 부단한 노력을 해야 한다.

이러한 몰입이 기업경영에서는 어떤 의미를 지닐까? 지금까지 우리는 얼마나 열심히 일하느냐를 중요하게 여겼다. 그리고 오래 일하는 것이 잘하는 것이라는 잘못된 통념에서 쉽게 벗어나지 못하고 있다. 그렇다 보니 상사가 퇴근을 안 하면 본인의 업무를 마쳤음에도 퇴근하지 못하는 경우가 다반사이다. 퇴근 시간이 늦어지고 업무 시간이 길어지는 이유이기도 하다. 왜냐하면 일의 질적 성과와 상관없이 오래 앉아 있는 것이 일을 잘하고 근면, 성실하다는 평가의 척도로 보여져왔기 때문이다. 그렇게 근면은 미덕이 되어왔다. 일에 진정으로 몰입하고 내용보다는 오히려 보여지는 형식이 더 중요하게 부각되었다. 그리고 그것이 가능했던 이유 중 하나는 바로 출제하는 기업의 모습보다는 숙제하는 기업의 모습이기에 더 열심히 하면 그만한 성과를 창출할 수 있었고, 이러한 성공 경험은 또 다시 열심히 일을 하게끔 하는 구조를 형성했기 때문이다. 물론 열심히 일하는 것이 나쁘다고 이야기하는 것은 결코 아니다. 열심히 한다고 해도 스스로가 자발적으로 열심히 하는 구조가 되어야, 일에 대한 의미와 일에 대한 성과도 탁월할 수 있다. 열심히 하긴 하는데 마지못해 열심히 한다면 성과도 좋지 않을 것이고 일에 대한 만족도 또한 매우 낮을 것이다.

2013년 갤럽이 전 세계 142개국에서 조사한 결과에 따르면 직장에서 주인 의식을 가지고 업무에 최선을 다하는 비율은 평균 13%에 불과한데, 미국은 30%, 한국은 11%로 평균 이하로 나타났다. 수치가 의미하는 바는 우리나라 직장인 10명 중 9명은 책상에 앉아 있지만 업무에 집중하

	142개국 평균	미국	한국	덴마크
업무 몰입 직원	13	30	11	21
비몰입 직원	63	52	67	69
소극적 태업 직원	24	18	22	10

표 4-2 종업원 몰입도 비교(단위: %) **자료:** 「글로벌 업무현장보고서」(갤럽, 2013).

지 않고 있다는 결론이다.

최근 조직에서는 이러한 직원 몰입이 인적 자원의 핵심 요소로 급부상하고 있다. 직원들이 자기가 맡은 일에 적극적으로 몰입하면 몰입할수록 조직의 성과는 크게 향상되는데, 안타깝게도 또 다른 조사에 의하면 직원들 중 일에 적극적으로 몰입하는 직원은 19%에 불과하다고 한다. 이는 결국 일을 하는 구성원은 10명이지만 정작 2명 정도가 일을 진행한다는 의미이기에 경영진은 이러한 상황을 매우 심각하게 받아들여야 할 것이다. 결국 어떻게 조직 구성원의 몰입이라는 예술적 자본을 고도화할 것인지는 기업의 경영 성과에 매우 중요한 요소로 작용할 것이다.

직원들이 적극적으로 일에 몰입하면 조직에만 이익이 될 것이라 생각하는 사람들이 있는데 이는 잘못된 생각이다. 사람이 일에 몰입하면 기분이 좋아지고 스스로를 유능하게 느끼며 소속감을 갖게 된다. 일에 관여하는 정도가 약해 몰

- 나는 회사에서 활력이 넘친다고 느낀다.
- 나는 내가 하고 있는 일에 대해 활기차고 힘 있게 임한다.
- 나는 내가 하고 있는 일에 대해 열정이 있다.
- 내가 하는 일은 내게 영감을 준다.
- 아침에 일어나면 나는 일하러 가고 싶다.
- 열심히 일하고 있을 때 행복하다.
- 난 내가 하는 일이 자랑스럽다.
- 나는 내 일에 몰두한다.
- 일하다 보면 시간 가는 줄 모른다.

표 4-3 몰입도 측정

자료: Schaufeli & Bakker, "The Utrecht Work Engagement Scale"(2013).

입하지 못하면, 일하는 게 고역스럽게 느껴져 스트레스가 더 쌓일 수밖에 없다. 일에 관여하지 않는 직원들이 많으면 많을수록 조직은 큰 손해를 보는 것은 물론이거니와 조직 구성원 개인의 발전에 전혀 도움이 되지 못하고 성취감, 행복감을 느끼지 못하게 된다. 본인이 얼마만큼 일에 몰입하고 있는지 몰입 정도를 표 4-3을 통해 측정해보자.

또 다른 조사에서도 몰입의 중요성은 다시 한번 부각되고 있는데, 갤럽은 지난 10년간 천 명에 달하는 리더와 직장인들을 대상으로 '기업의 성과를 이끌어 내는 요소'에 관한 조사를 진행했다. 그 결과 현장 실무자들이 공통적으로 느끼는 성공과 성장의 비밀을 밝혀냈는데, 그것은 바로 직원들의 '자발적인 업무 몰입'과 '심리적인 헌신'이었다. 조직에 있어서 구성원의 몰입을 이루어내는 것이 얼마나 중요한지 다시 한번 확인할 수 있는 조사이다.

이처럼 일에 있어서의 몰입을 위해서는 강한 내적 동기부여가 동반되어야 하는데 내적 동기 부여를 갖기 위해서는 일의 의미가 바로 서야 하며, 이러할 때 자기목적성이 있게 되는 것이다. 자기목적성이 있는 일을 추구할 때 외부로부터의 대가 등이 중요한 것이 아니라 자신의 성취와 성장, 행복을 실현할 수 있게 되는 것이다.

이는 기업경영에서뿐만 아니라 학생 교육에도 적용된다. 헝가리 현상(the Hungarian Phenomenon)이라는 것이 있다. 특정 시기에 집중적으로 걸출한 인재가 나타나는 현상을 일컫는 말이다. 19세기 후반에서 20세기 초에 헝가리에서는 무려 7명의 노벨상 수상자가 나왔다. 당시의 헝가리 교육은 '창의적이고 재미있는 교육'을 중시했다. 대표적인 예로 수학월간지인 〈쾨말〉이 있다. 많은 학생들은 〈쾨말〉이 출간되기를 손꼽아 기다렸는데 잡지가 출간되면 며칠이 걸려도 학생들은 즐겁게 문제를 풀었다고 한다. 『몰입』의 저자인 서울대학교 황농문 교수는 "고도의 몰입을 요구하는 수학 문제를 풀면서 학생들은 깊고 날카롭게 생각하는 사고력을 발달시켰다"라고 분석했다. 그러나 이러한 헝가리 교육은 2차 세계대전과 소련의 지배 등으로 그 환경이 변했다. 획일화되고 지루한 교육으로 변질되었고 과거의 화려했던 헝가리 교육은 퇴색했다.

교육에서도, 기업경영에서도 몰입을 위한 '호기심 자극'이 없으면 결코 몰입이 일어날 수 없다. 물론 외부 환경에 의해 몰입이 인지적으로 일어날 수는 있지만, 그 역시 지속성을 지니기에는 한계가 있다. 결국 몰입은 호기심, 도전을 즐길 때 발현되는 것이고, 발현이 되면 무의식적으로 무아지경에 빠지는 황홀한 경지에 이르게 되는 것이다. 그리고 몰입은 철저히 자기주도가 되는 것이기에 자기목적성을 지닌다. 타인이 시켜서 할 때 몰입은 일어나기 힘든데 타인이 시켜서 한다는 것 자체가 자기목적성을 상실한 상태라 몰입의 세계에 들어가기가 어렵다.

아인슈타인의 천재성은 어디서 기인한 것일까? 아인슈타인을 일반적인 범인과 구분하게 하는 것은 그의 '상상하는 능력'과 '몰입'이다. 아인슈타인은 기존의 틀, 선입견, 편견, 고정관념을 깨부수고 늘 자유롭게 상상하고, 자신이 좋아하는 일에 몰입했는데 그 상상력과 몰입이 그를 천재로 만들어준 것이다 .

- 지식보다 중요한 것은 상상력이다.
- 나는 똑똑한 것이 아니라 단지 문제를 더 오래 연구할 뿐이다.
- 나는 상상력을 자유롭게 이용하는 데 부족함이 없는 예술가다.
- 지식은 한계가 있다. 하지만 상상력은 세상의 모든 것을 끌어안는다.
- 나는 단 한 번도 이성적인 사고를 통해 발견한 적이 없다.

표 4-4 아인슈타인 명언

아인슈타인의 명언을 보면(표 4-4) 아인슈타인은 스스로를 예술가라고 칭하고 있다. 사실 바이올린 연주도 잘 했지만 말이다. 결국 상상과 몰입이 파괴적인 혁신을 가져오고 세상과 인류에 새로운 가치를 창출한다는 것을 우리는 아인슈타인을 통해 알 수 있다.

몰입을 한다는 것은 무엇인가에 호기심이 있고, 호기심은 기존의 틀을 깨는 다양한 상상으로 이어지고, 그 속에서 관찰하고, 또 관찰하며 몰입의 세계에 빠져든다. 기업경영에서 이제는 몰입이라는 자본 없이는 획기적인 성과를 거두기에는 한계가 있다. 또한 인위적으로 조직 구성원의 몰입도를 제고하는 것 역시 한계가 있을 수밖에 없다. 스스로 일에 대한 의미를 찾고, 그 속에서 즐거움을 느껴야 주체로서의 존재감을 지닐 수 있게 될 것이다.

예술가들이 예술을 창작하는 모습을 잠시 떠올려보자.

예술가들은 자신이 전달하고자 하는 메시지를 작품으로 담아 세상에 호소하기도 하고 어필하기도 하는데 이러한 예술 작품을 경험한 관객은 이에 감동을 하게 된다. 작품을 창작하는 과정에서 예술가들이 작업에 완전히 몰입하여 그 자체를 즐기며 하나하나 완성해가는 모습 속에서 우리는 예술가의 몰입을 관찰할 수 있게 된다.

몰입은 스스로 마음속에서 우러나와 무엇인가를 세상에 이야기하고 공감하며 가치를 전하고자 하는 마음과 생각 속에서 저절로 나오는 것이다. 이처럼 예술의 과정에서 도출되는 '몰입'이라는 요소는 미래 기업경영에서 반드시 갖추어야 할 자본이자, 창조적 파괴를 위한 필수 요소인 것이다.

■ **예술적 자본 3: 조직을 춤추게 하는 내적 동기 부여(Motivation)**

미래 학자 대니얼 핑크는 자신의 저서 『드라이브 – 진정한 동기』에서 동기 3.0을 소개하며 내적 동기를 강조한다. 핑크는 생존을 위해 움직였던 것을 '동기 1.0'으로, 20세기 규칙 위주의 기계적인 일에 대한 외적 보상과 처벌, 즉 당근과 채찍으로 움직였던 시대를 '동기 2.0'이라 명명했다. 그리고 창의적인 일을 하는 데에 있어서 내적 동기가 중요하고 이것을 이용하는 시대를 '동기 3.0'으로 규정하면서,

보상이라는 외적 동기 부여 요소가 우리의 시야를 좁혀서 충분히 발휘할 다양한 가능성을 오히려 제약한다고 주장한다. 이는 실제 기업을 대상으로 경영 컨설팅을 수행해온 필자의 경험에 비추어볼 때 많이 공감이 가는 대목이다.

과거 외적 동기 부여는 생산성과 효율성을 향상함에 있어서 매우 주효한 역할을 해왔으며, 인간을 객체로 규정하는 시대에는 효과가 있었다고 볼 수 있다. 문제는 미래 세상에서도, 특히 4차 산업혁명에서도 외적 동기 부여가 의미를 지닐 수 있느냐다. 특히, 상상력과 창의성 향상에 외적 동기 부여가 잘 접목될 수 있을 것인지에 대해 경영진은 매우 진지하게 고민할 필요가 있는데, 결론을 먼저 이야기하자면 외적 동기 부여는 잊고, 내적 동기 부여에 초점을 맞추라고 주문하고 싶다.

《매일경제신문》에 게재된 테레사 아마빌(Teresa Amabile) 하버드 대학교 교수의 흥미로운 연구 결과 내용을 공유하면 외적 동기 부여가 창의성에 얼마만큼 커다란 해악을 미치고 있는지 금세 깨닫게 될 것이다. 80년대 초반 어느 화창한 날, 아마빌 교수는 미국 브랜다이스 대학교와 보스턴 대학교에 다음과 같은 광고 문구를 붙였다. "작가 여러분! 글쓰기, 특히 시와 픽션 또는 드라마를 쓰고 있는 작가라면 시간당 3달러의 돈을 벌 수 있습니다. 우리는 사람들이 왜 글을 쓰는지 그 이유를 찾고 있습니다." 한마디로, 글쓰기와 관련된 심리 실험을 할 테니 참여해달라는 광고였다.

젊고 가난한 작가인 토마스(가명)와 줄리안(가명) 등은 광고를 보고 아마빌을 찾아갔다. 시급 3달러면 80년대 초반에만 해도 꽤 유혹적인 금액이었다. 토마스와 줄리안을 포함한 72명이 아마빌의 실험에 참여하게 된다.

토마스와 줄리안에게 주어진 첫 번째 과제는 똑같았다. 일본의 짧은 정형시인 '하이쿠'를 짓는 일이었다. 다만 첫 줄과 마지막 줄에 'snow(눈)'를 넣어야 했다. 연구팀은 참가자들이 지은 하이쿠를 회수해 12명의 경험 많은 시인들에게 주었고, 창조성을 기준으로 점수를 매기게 했다.

그런 다음 토마스는 존 어빙이 쓴 단편을 10분 만에 읽고는 설문에 답했다. 설문 항목들은 '글을 쓰면서 새로운 통찰을 얻는다', '자신을 분명하게 표현할 수 있는 데에서 만족감을 얻는다' 등으로 글쓰기가 얼마나 즐거운지를 상상해보게끔 하는 질문들이었다.

줄리안 역시 같은 단편을 읽은 뒤 설문에 응했다. 그러나 설문 내용이 많이 달랐다. 글을 잘 쓰면 얼마나 돈을 많이 벌고, 좋은 직장을 구할 수 있는지에 대한 내용이었다.

설문 항목으로는 '베스트셀러를 쓰면 재정적으로 안락해진다', '글쓰기를 잘 하면 좋은 직업을 얻을 수 있다', '프리랜서 작가를 위한 시장이 계속 확대되고 있다' 등이 있었다.

설문이 끝난 다음, 토마스와 줄리안 등은 하이쿠를 한 번더 지었다. 이번에는 'laughter(웃음)'가 주제였다. 이번에도역시 아마빌 박사팀은 시인 12명에게 판정을 맡겼다. 창조성을 기준으로 점수를 매기게 한 것이다.

실험 결과는 어떠했을까? 놀라웠다. 줄리안은 두 번째지은 하이쿠가 첫 번째 지은 하이쿠보다 훨씬 못하다는 점수를 받았다. 줄리안과 비슷한 설문을 받은 참여자들도 대부분 마찬가지였다. 그저 돈을 벌고, 좋은 직업을 얻는 것을 상상했을 뿐인데, 시를 창작하는 능력이 떨어진 것이다. 줄리안이 속한 그룹은 첫 번째 하이쿠의 평균 점수가 18.19점이었다. 그러나 두 번째 하이쿠 점수는 15.7에 불과했다. 반면 글쓰기가 얼마나 즐거운지 상상한 토마스의 그룹은정반대 결과가 나왔다. 첫 번째 하이쿠 점수는 18.76이었고, 두 번째 하이쿠 점수는 19.88로 상승했다.

무엇인가 망치에 맞은 듯한 느낌이 들 수 있다. 왜냐하면우리는 외적 동기 부여에 너무나도 익숙하고, 외적 동기 부여가 지닌 유효성에 대해서 너무나도 잘 알고 있기 때문이다. 많은 기업에서는 조직 구성원들에게 인센티브를 당근으로 쓰면서, 창의적인 조직이 되라 하고, 혁신 제품의 출시를 기대하고 있다. 그런데 아이러니하게도 아마빌의 연구 결과는 이러한 외적 동기 부여와 경영 환경은 조직의 창의성을 죽이고, 창의적인 제품 개발을 방해하는 것이 된다.

동기 부여 이론에서 대표적인 이론 중 하나는 에이브러햄 매슬로우(Abraham Maslow)의 동기 부여 이론이다. 인간은 가장 최상의 욕구인 자아실현의 욕구를 본능적, 본성적으로 지니고 있다. 결국 내적 동기 부여는 자아실현의 욕구인 인간의 본질에 부합하는 것이며, 인간이라는 존재로서 규정될 수 있는 것이다.

이와 더불어 동기 부여와 관련해서는 표 4-5 에서 설명하는 데시와 라이언(Deci & Ryan)의 자기결정성이론(Self Determination Theory)이 있다. 자기결정성 이론은 인간이 자율적이고자 하는 욕구가 있다고 보는 이론으로 '자율성'이 핵심이다. 그간의 산업혁명은 바로 이 점을 간과한 채 인간을 주체가 아닌 객체로 규정하고 통제와 관리, 외적 동기 부여를 통해 성과 및 생산성을 극대화해왔다.

데시의 이론을 조금 더 살펴보면 무동기(amotivation)는 행동 의지가 없거나 의지가 결핍된 상태이고, 외적 조절

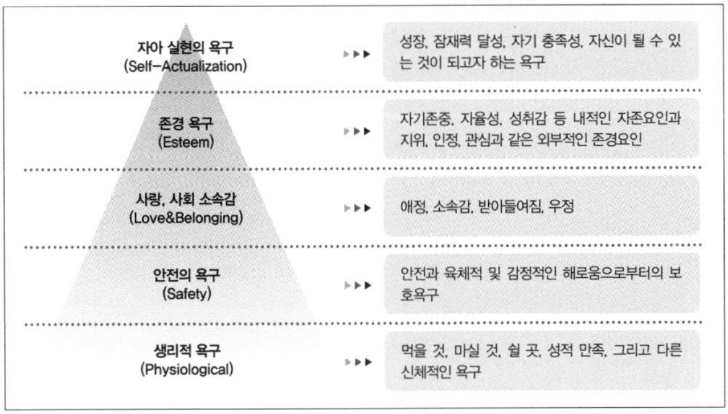

그림 4-4 매슬로우의 욕구 5단계

자료: Abraham Maslow, *Motivation and Personality*(1943).

(external regulation)은 외재적 동기 중 자율성이 가장 낮으며, 이는 외부의 강요, 압력이 주된 이유가 된다. 반면에 내재적 동기(intrinsic motivation)는 활동에 참여하는 과정에서의 즐거움, 재미, 만족감을 얻으려고 하는 자율적이고 자기결정적인 행동의 원형이 된다.

결국 자기결정성 이론과 매슬로우의 동기 부여 이론의 공통적인 메시지는 인간은 자기결정성에 기반해 자아실현을 하고자 하는 매우 원초적인 본능을 지니고 있다는 것이다. 이러한 인간에 대한 이해를 바탕으로 인간의 본능이 발현되도록 기업경영 환경을 꾸며야 한다. 인간 본능에 기반한 환경에서 조직 구성원은 자발적으로 일하고, 창의성을

행동	비자기 결정적					자기 결정적
동기 유형	무동기	외재적 동기				내재적 동기
조절 양식	없음	외적 조절	부과된 조절	확인된 조절	통합된 조절	내적 조절
관련 조절 과정	무의도 무가치 통제의 결여	외적 제약에 따름	자기통제 자아개입	개인적 중요성 의식적 가치부여	일치자각 자기와의 통합	흥미 즐거움 내적 만족감

표 4-5 자기결정성에 따른 동기 유형　**자료:** Deci & Ryan(2000).

발휘하며, 자아실현의 행복감을 느낄 수 있다. 그러므로 내적 동기 부여는 미래 기업이 지녀야 할 중요한 예술적 자본이다.

■ **예술적 자본 4: 혁신의 원천, 창의(Creativity)**

테레사 아마빌은 창의성에 관한 이론을 정립했는데, 이 이론에서 아마빌은 창의성이 발휘되기 위한 세 가지 요소를 제시하고 있다. 세 가지 요소는 해당 영역에 대한 경험·지식을 포함한 전문성/전문지식(expertise), 창의적으로 사고

하는 방식(creative thinking skill), 내적 동기 부여(motivation)이다.

먼저 첫 번째 전문성/전문지식에 있어서 우리는 조심스럽게 해석할 필요가 있다. 왜냐하면 전문성/전문지식이 창의성에 도움을 줄 수도 있지만 오히려 창의성을 저해할 수도 있기 때문이다. 따라서 기존의 산업혁명기는 전문지식의 시대였지만, 미래 4차 산업혁명 시대에는 완전히 새로운 답을 업고자 할 때는 전문성/전문지식이 생각의 틀을 제약하여 파괴적인 혁신안을 도출하는 데 방해가 될 수 있다는 것을 알아야 한다.

그러나 대부분의 경영 현장에서는 비전문가는 전문가보다 더 좋은 아이디어나 더 좋은 성과를 내지 못할 것이라는 고정관념이 매우 강하게 형성되어 있다. 비전문가의 아이디어를 무시하기 일쑤이고, 진지하게 생각해보려고 하지도 않는다. '비전문가가 무엇을 알까?'하는 일종의 무시하는 경향이 마음속 깊이 자리 잡고 있다. 바로 이러한 생각이 조직 내 창의력을 죽이고 있는 것이다. 그러면서도 겉으로는 창의성이 중요하고 창의적인 아이디어를 격려한다고 하니 매우 모순적이다. 기업경영에 있어서 이러한 전문가 또는 마스터 패러독스에서 벗어나야 한다.

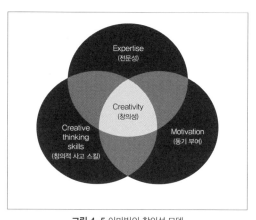

그림 4-5 아마빌의 창의성 모델

자료: Teresa Amabile, "How to Kill Creativity", *Harvard Business Review*, The September–October 1998 Issue.

두 번째는 창의적 사고에 대한 것인데, 창조적 사고 능력을 향상하기 위해서는 어떻게 해야 할까? 일반적으로 창의적인 사람은 타고난 것이라고 생각하는 경향이 있는데, 창조적 사고 또한 훈련을 통해 향상될 수 있다. 문제는 그러한 창조적으로 사고하는 법을 제대로 훈련받고 교육받은 적이 없기 때문에 익숙하지 않아 창의적인 사고 능력이 부족하다고 생각하게 되는 것이다.

창의성 고취를 위한 출발은 바로 상상이다. 지금의 현실은 상상에 기반을 둔 것이고, 이러한 상상이 있었기에 현재의 모습이 구현된 것이며, 미래 세상 또한 상상에 의해서 앞으로 하나 둘 구현이 되면서 현실이 될 것이다.

『상상하여? 창조하라!』의 저자 유영만 교수는 자신의 저서에서 창의에 있어서 핵심인 상상에 대해 날카롭게 피력하고 있다. 세상은 상상하는 자의 것이다. 상상력의 한계는 곧 인류의 한계다. 노동력과 생산력은 기계가 대체할 수 있지만 상상력은 인간만이 발휘할 수 있는 유일한 능력이다. 상상은 고대 중국인들이 눈으로 볼 수 없고 확인할 수 없는 코끼리를 '이미지'화 하면서 생긴 단어로, 이렇게 추상을 구상화하는 것이 바로 상상이다. 모호한 이미지를 반복해서 상상하면 구체적인 하나의 이미지가 떠오르게 되며, 우리가 꿈꾸는 미래도 그렇게 상상의 나무에서 가지를 뻗어나간다.

'생각하지 말고 상상하라'는 말은 '생각은 버리고 상상만 하라'는 이야기가 아니다. 논리와 합의, 이성과 추론만이 진리에 도달하는 유일한 방법이라고 믿는 이성의 횡포에 대한 항거이며 반역인 셈이며, 이성은 합리적이며 상상은 주술적이라고 일컫는 억지에 대한 상상의 반란이라고 할 수 있는데, 지금까지 철저히 지식, 좌뇌, 논리가 지배하면서 나타난 현상이라고 봐야 할 것이다.

우리는 "아는 것이 힘이다"의 중요성과 그 의미에 대해 너무나도 잘 아는 나머지 그것이 당연하기에 더 생각하고 살지도 않는다. 그런데 이제 이것이 무너지고 있는 시대가 되었다. 이제 지식보다 상상력이 중요하다. "아는 것이 힘이다"라고 주장한 프랜시스 베이컨은 경험을 통한 새로운 지식의 축적과 사물의 올바른 이해의 중요성을 강조했다. 하지만 문제는 '아는 것이 힘'으로 작용하기보다는 오히려 '병'으로 작용하거나 '모르는 게 약'으로 통용되는 경우가 많다는 점이다. 너무 많은 지식이 발상의 전환을 방해하거나 새로운 의사결정을 저해한다. 이런 경우 지식은 축복이 아니라 저주가 되는 셈이다. 자신의 경험과 지식을 맹신하고 따를 경우, 타인의 생각과 의견은 나와 '다른 것'이 아니라 '틀린 것'으로 여기는 오류를 범하게 된다.

프랑스의 미디어 이론가 폴 비릴리오(Paul Virilio)는 상상력을 "어린아이의 세계로 귀화하려는 성숙한 자만이 들어갈 수 있는 낙원"이라고 했다. 상상력은 없는 것을 배워서 생기는 능력이 아니라 이미 우리 안에 잠자고 있는 가능성을 흔들어 회복시키는 것이다. 무한한 호기심과 제약도 구속도 없는 상상력을 지닌 어린아이의 세계로 돌아가는 것이다. 다시 말해 동심으로의 회귀가 곧 상상력의 회복인 셈이라고 볼 수 있다. 즉 동심이 살아 있어야 한다. 어린아이에게 음료 페트병은 아이들의 상상에 의해 희한한 용도와 물건으로 변화되기 일쑤이다. 이러한 동심이 없으면 상상의 에너지는 소멸되고 만다. 상상력과 창의력을 회복하는 유일한 방법은 동심의 세계로 돌아가는 것이다. 나이가 들면서 호기심과 질문의 횟수가 감소함에 따라 상상력의 텃밭은 메마르고 창의력의 열매 또한 열리지 않는다. 흔히 머리가 굳었다라고 표현하는 것은 바로 동심이 메마른 어른이라는 것과 유사하다고 볼 수 있다.

사르트르는 "창의적인 대가 열 명 중에서 다섯 명은 아버지를 일찍 여의었다. 아버지가 아들에게 해줄 수 있는 유일한 길은 일찍 죽어주는 것이다"라고 다소 무시무시한 말을 했다. 즉 어린아이의 상상력과 창의력을 육성하는 유일한 방법은 간섭하지 말고 내버려두는 것이라는 의미다. 아이들의 상상력에 어른들의 생각을 주입하고 개입하기 시작하면 아이들의 상상력은 고리타분하고 상상력이 메마른 어른들의 생각의 감옥에 갇혀서 이내 죽어가고 만다. 자녀가 훌륭한 아이로 자라기를 바란다면 부모의 생각 속에 아이들을 가두지 말라는 의미다. 화가 피카소도 "모든 어린이는 예술가다. 문제는 어떻게 어른이 된 뒤에도 예술가로 남을 수 있는가이다"라고 말했다. 그는 아인슈타인이 이룩한 놀라운 성취의 비결을 묻는 질문에 "꾸밈없는 천진함을 갖고 영원한 아이로 남았기 때문"이라고 화답했다.

이처럼 창의력을 고취하기 위한 상상의 위대함, 그리고 그렇게 하기 위한 동심을 지녀야만 창의적이 될 수 있는 것이다. 동심이란 무엇일까? 바로 모든 사물, 현상에 대해서 있는 그대로 바라보는 것이다. 어떤 특정한 지식과 생각의 잣대를 가지고 섣불리 판단하지 않는 것이다. 즉 좌뇌를 철저히 죽이면서 생각이 아닌 상상을 해야 하는 것이다. 생각은 상상을 구속하고, 논리적 사고는 '다르다'가 아닌 '틀리다'로 귀결되기 십상이다. 모두 다 상상을 죽이는 행위일 뿐이다.

창의의 원천은 상상인데 그러면 상상은 어디서 기인되는 것일까? 그냥 상상하라고 하면 사람이 상상할 수 있을까? 그렇게 되지 않는다. 만약 억지로 상상한다면 이미 좌뇌가 작동되고 의식이 작동되는 상상이기에 제대로 된 상상이라고 보기 어렵다. 즉 도살장에 끌려가는 소의 모습처럼 전혀 마음이 내키지 않고, 즐겁지 않고, 억지로 하는 상상이기에 이미 상상이 아닌 것이다.

상상의 원천은 호기심과 관찰이다. 호기심이 없으면 결코 상상의 나래를 펼친 동기 부여가 되지 않는다. 레오나

연구자	창의적 사고의 종류
다이어(2009)	유추하기, 질문하기, 관찰하기, 실험하기, 연결하기
루트번스타인 (2007)	유추, 관찰, 형상화, 추상화, 패턴 인식, 패턴 형성, 몸으로 생각하기, 감정이입 등
존 어데어(2010)	유추, 관찰하기, 가설과 선입견에 도전, 우연한 발견, 호기심의 습관화 등

표 4-6 창의적 사고 연구들
자료: 「기업 내의 조직 창의성 모델」, SERI 연구보고서(삼성경제연구소, 2012).

르도 다빈치는 항상 의문을 품었다고 한다. 그는 새가 우는 것에서부터 하찮은 산호초, 식물, 해초, 조개껍데기까지 그 시대 사람들이 그냥 스쳐지나가는 일상적인 것들에 대해 의문을 가졌고, 자고 일어나면 늘 볼 수 있는 것들에 대해 그는 늘 엉뚱하고 다른 생각을 했다. 새가 공중에 떠 있고, 번개가 치고, 천둥이 울리는 것을 그냥 지나치지 않고, 상식의 벽을 깨뜨리고 새로운 의문을 품은 것이다. 이러한 다빈치의 행위는 어린이에게서 흔히 발견할 수 있다는 점이 흥미롭다.

표 4-6에 제시된 대표적인 창의적 사고 연구 결과를 살펴보면 관찰, 유추, 호기심, 감정이입 등을 통해 창의적 사고가 향상된다는 것을 알 수 있다. 이러한 창의적 사고의 요소들은 예술가들이 그림을 그리거나, 시를 비롯한 문학 작품을 만들어갈 때 인식하지 못할 정도로 무의식적으로

자연스럽게 사용하는 것들이다. 바로 이 점이 창의를 일으키는 매우 중요한 요소가 되는 기초 체력인 것이다. 이러한 창의를 위한 기초 근육을 키우지 않고, 또한 그러한 환경을 조성하지 않고 창의적인 아이디어를 주문한다는 것은 어찌 보면 공짜 심보에 가깝다. 개인들도 "나는 원래 창의성이 부족해", "창의성은 역시 타고나는 거지"라면서 자신을 비하하는 것 또한 바람직하지 않다.

어린아이를 보면 항상 '왜?'라는 의문을 품고 있어 어른들이 다소 당황하기도 한다. "엄마, 이건 왜 이래요?", "아빠, 비는 왜 오는 거예요?", "새는 왜 날 수 있는 거예요?" 등 모든 일에 하나하나 의문을 품는다. 어린아이의 눈에는 모든 것이 신기하고, 의문스러울 뿐이다. 항상 세상 모든 것들이 물음표이다. 어른들에게는 물음표도 없고 느낌표도 별로 없다. 아이들이 그렇게 눈이 휘둥그레지는 것에 대해 어른들은 아무런 감흥도 느낌도 없는 것이 일반적이다. 왜냐하면 낯설지 않고 익숙하기에 의심을 하지도 않고, 그저 당연한 것이라 생각한다. 이러한 현상은 기업경영에도 고스란히 투영된다. 당연하다고 생각하는 수많은 가정과 생각을 모두 다 새롭게 생각해보고, 새로운 관점으로 바라보아야 하는 이유이다.

바로 호기심과 상상, 창의의 선순환 구조가 되고 있는지를 스스로에게 자문해보아야 한다. 호기심에 기반한 상상은 결과적으로 창의와 혁신을 가져오기도 하지만, 창의와 혁신의 결과물을 도출하기까지의 과정에서 보면 해당 업무에 몰입하게 되면서 즐겁게 일함으로써 일의 의미를 찾고, 효능감 또한 느낄 수 있다. 철저히 자신 스스로 동기 부여가 되어 움직이는 셀프경영(self management)의 모습이 구현된다.

따라서 기업경영에 있어서는 조직 구성원의 창의성을 극대화하기 위한 환경과 분위기를 조성해주는 것이 매우 중요하다. 왜냐하면 기업경영에 있어서 창조적 마인드 없이는 어떤 사업을 하더라도 더 이상 성장하지 못하기 때문이다. 직원들을 철저히 과감하게 방목해야 한다. 방목을 해야 직원들은 자율성(autonomy)에 기반해 창조의 날개를 마음껏 펼칠 수 있다. 자율성이 없는 조직에서 창의를 기대하기는 어렵다.

구글의 20% 프로젝트라고 불리는 것 또한 구성원에게 자율성을 부여함으로써 보다 창의적이고 혁신적인 생각의 시간을 가질 수 있도록 환경을 만들어주는 것이다. 창의는 '의도적 비효율'을 추구한다고 보아야 하는데, 창의는 시

유아독존형: 부하들의 이야기를 들어주는 인내심이 부족하고, 자기 생각을 강요하는 독선적인 성향이 강해 부하들의 입을 닫게 한다.

눈 뜬 장님형: 구성원들이 창의적인 아이디어를 제시해도 아이디어의 잠재 가치를 제대로 활용, 성과물로 연결하는 능력이 없기 때문에 무용지물로 만든다.

일 중독형: 부하의 감정이나 기분 등 내적 심리 상태를 배려하지 못하고 오직 일밖에 몰라 구성원의 창의성을 죽인다.

완벽주의형: 작은 실수나 실패도 절대 용서하지 않아 부하들의 생각과 행동이 실패 위험이 적은 보수적인 방향으로 흘러가게 하면서 새로운 것에 도전하고 시도하는 창의적인 발상과 행동을 위축시킨다.

복사기형: 남들이 하지 않는 새로운 것을 먼저 개척해나가는 선도자적 실험 정신이 부족해 내부에서 좋은 아이디어가 있어도 자신이 없어 주저하다가 나중에 다른 기업들이 하는 것을 보고 따라 한다.

하루살이형: 단기성과 지향적인 업무 패턴을 갖고 있다.

표 4-7 구성원의 창의성을 저해하는 리더의 여섯 가지 유형
자료: 「이런 상사가 창의성을 죽인다」(LG 경제연구원, 2007).

간을 필요로 하기에 어찌 보면 시간을 낭비하는 비효율적인 것처럼 보일 수 있다. 그러나 의도적 비효율을 통해 파괴적 혁신의 효과성(effectiveness)을 창출하는 아이러니한 상황이 연출된다. 효율성(efficiency)을 추구하기 위해 바쁘게, 그리고 열심히 일하는 것으로는 결코 파괴적 혁신이 탄생되기 어렵기에 의도적 비효율의 환경이 반드시 조성되어야 한다. 예술 또한 의도적 비효율의 극치이다. 예를 들어, 어떤 사물이나 전경을 '그림을 그리는 것'과 '사진'을 찍는 것을 비교해보면 사진을 찍는 것이 훨씬 효율적인데 왜 그렇

게 비효율적으로 오랜 시간을 들여 그림을 그리는 것일까? 그림을 그리는 예술가에게는 그냥 보이는 사물이나 전경을 빨리 그리는 '효율'이 중요한 것이 아니라, 사물이나 전경에 대한 새로운 해석 및 창작의 과정을 통해 관객들에게 감동을 선사하는 것이 가장 중요하기 때문이다.

그래서 조직에는 톰 드마르코(Tom DeMarco)가 주장하는 슬랙(slack)이 필요한 것이다. 슬랙은 일종의 게으름이라고 볼 수 있는데, 빨리빨리, 일사불란함으로 인해 숨 돌릴 틈이 없는 조직에게 창의와 파괴적 혁신 창출이 가능하게끔 하는 조직으로서의 전환을 뜻한다. 조직 내 '여유'를 통해 창의적인 조직으로 전환될 수 있으며, 조직 내 생각이 숨 쉴 수 있는 여유가 필요하다는 의미이다. 또한 조직의 창의성에 있어서 리더의 역할 또한 빼놓을 수 없는 중요한 요소이다. 표 4-7 에서는 구성원의 창의성을 저해하는 여섯 가지 유형을 소개하고 있는데, 이러한 유형의 리더는 조직의 창의성을 죽이는 대표적인 사례라고 볼 수 있으며, 아무리 창의성이 뛰어난 인재라고 하더라도 창의성을 저해하는 리더가 존재하게 되면 창의성과는 거리가 멀어지는 조직으로 전락하게 된다.

이뿐만이 아니라 조직 창의성을 극대화하기 위해서 고

그림 4-6 애플 신사옥, 애플파크 **자료:** Reuters.

려할 사항은 바로 물리적 공간 조성이다. 물리적 환경은 창의성에 영향을 준다. 미국 캘리포니아에 있는 애플 신사옥은 커다란 원반 모양을 하고 있는데, 창의성과 소통을 극대화하기 위한 구조로 설계가 된 것이다. 이렇게 공간 구조는 창의성에 영향을 주는 주요한 요소로 작용한다.

아마빌은 창의성 모델에 있어서 '동기 부여'를 매우 중요하게 인식하고 있는데, 동기 부여에 있어서 앞서 언급한 바와 같이 외적 동기 부여는 주어진 목표를 달성하는 데는 효과적이지만, 그것을 뛰어넘는 성과를 창출하는 데는 한계가 있다고 본다. 외적 보상에 의한 동기 부여는 보상과 관련한 자극에만 집중되어 창의성에 필요한 자발성과 탐구심을 위축시켜 궁극적으로 창의성을 훼손하게 된다고 본다. 즉 일에 대한 열정, 그리고 이에 기반한 그 자체의 즐거움과 성취감을 얻을 때 보편적인 평범함을 뛰어넘는 창의성이 발휘될 수 있다는 의미이다.

이처럼 창의성이라는 예술적 자본의 형성을 위해서는 기업은 지금과는 완전히 다른 환경을 조성해야 할 것이다. 기존의 환경은 좌뇌에 적합한 환경이라면 앞으로는 우뇌에 적합한 환경을 조성해주어야 창의성이라는 예술적 자본이 형성이 될 것이다.

2. 예술적 자본의 축적

지금까지 예술적 자본의 네 가지 요소를 살펴보았다. 미래의 기업은 감성 및 긍정 정서 자본, 몰입 자본, 내적 동기 자본, 창의 자본으로 구성된 예술적 자본이 축적되지 않고는 결코 혁신적인 기업이 될 수 없다. 또한 조직 구성원이 열정을 가지고 행복감을 느끼며 자발적으로 일을 하는 기업의 모습을 그려가기 힘들 것이다. 그렇기에 미래의 자본은 예술적 자본을 누가 더 많이 조직적으로, 구성원 개인적으로 확보하고 있느냐가 핵심이다.

예술적 자본은 지금까지의 시대에서는 다소 외면을 받았다고 볼 수 있다. 감성 자본에 있어서는 감성보다는 이성이 더 중요하게 작용했으며, 논리와 분석이 중요하게 작용해왔다. 경영이 통제와 관리 위주로 이루어졌던 것이다. 그러나 미래 사회는 이것을 거부하고 있으며 경영은 더 이상 관리가 되어서는 안 된다. 그리고 몰입 자본에 기반한 일의 즐거움에 있어서는 지금까지는 일이 즐거움이 되기보다는 수단이었고, 무의식적 몰입보다는 의식적 몰입이 되는 환경이 조성되어왔다. 일을 철저히 놀이와 분리하는 과정에서 일은 더 이상 즐거움이 되기 어려웠다. 이 역시 미래 사회는 거부하고 있는 것이다. 내적 동기 자본 역시 마찬가지인데, 지금까지는 인간을 객체로 바라보면서 외적 동기 부여로 인간의 행동을 이끌어왔다. 그러나 외적 동기 부여로는 조직 구성원의 진정한 동기 부여와 조직성과 혁신이 창출되기에는 한계가 많을 수밖에 없다. 그리고 마지막으로 창의 자본은 무엇을 해야 할지가 명확하게 보이는 세계에서는 상대적으로 덜 중요했으나 불명확하고 모호한 세상에서 창의는 혁신의 원천이 된다. 또한 EFMC의 네 가지 예술적 자본은 상호 연결이 되어 발현된다.

그리고 EFMC의 예술적 자본은 예술가가 예술 창작을 수행함에 있어서 발현되는 자본들이고, 예술의 체험과 예술의 효과를 통해 터득되는 자본이기도 하다.

또한 우리가 한 가지 기억하고 가야 할 것은 네 가지 자본의 성격이 모두 인간의 본성에 기반을 두고 있다는 사실이다. 이는 예술도 마찬가지다. 그렇기에 기업의 미래 경영에 있어서는 인간의 본성에 기초를 둔 경영을 해야 하는 것이고, 예술적 자본을 갖추고 시장과 고객, 조직 구성원을 새롭게 바라보아야 한다. 이것이 4차 산업혁명의 본질 중의 본질이다.

5장

예술가의 창의를 위한 통찰법, 다섯 가지 비밀

우리는 예술가들의 예술 작품을 감상하고 감탄하면서도, 예술가들의 창작 과정은 잘 모르기도 하고, 알려고 노력하지 않는 경향이 있다. 레오나르도 다빈치, 파블로 피카소를 비롯하여 예술 역사에 한 획을 그은 세계적인 예술가들은 도대체 어떻게 창작을 하길래 세상을 깜짝 놀라게 하는 불후의 예술 작품을 남길 수 있었을까?

예술가의 창작의 사고 과정을 그대로 기업경영에 옮기면 어떤 결과가 초래될 것인가? 예술가들의 창작을 위해 몸부림치는 그 과정에 대해 이해한다면, 그리고 예술가들의 창작의 과정을 기업경영에 접목한다면 기업경영은 매우 혁신적이고 창조적으로 변모될 수 있다. 왜냐하면 '예술'과 '경영'은 별로 연관 관계가 없을 뿐더러 심지어는 아무 상관없는 것으로 여겨졌기 때문이다. 경영하는 사람은 예술을 잘 모르고, 예술가들은 경영에는 아예 관심조차 없으니 두 단어가 만날 기회가 적을 수밖에 없었다.

따라서 예술 작품 지식을 몇 개 더 아는 것은 기업의 경영 혁신에 도움이 되기는 매우 어렵다. 기업경영에 예술을 접목하려면 예술가가 어떻게 창작을 통해 감동을 주는지 그 본질을 이해하고 이러한 이해를 바탕으로 경영에 접목해야 파괴적 혁신을 이끌어낼 수 있다. 지금부터는 예술가들의 창작 과정에서 이루어지는 다섯 가지 비밀을 살펴보며 파괴적 혁신을 위한 기업경영에 예술이 어떻게 접목되는지 살펴보고자 한다.

1. 수동적 보기가 아닌 적극적 관찰의 힘

당신 앞에 오렌지가 하나 있다고 가정해보자. 관찰한 것을 적어보자. 무엇을 적었는가? 시각적인 것뿐만이 아니라 미각, 청각, 후각, 촉각의 오감각의 관점에서 오렌지를 관찰한 사람이 있는가? 또 다른 상황을 들어보자. 숲속에서 새들의 소리에 귀 기울여서 새가 몇 종류인지를 관찰해본 적이 있는가? 세상에 태어나서 처음 접하는 질문일 수도 있을 것이다. 왜냐하면 대부분의 사람은 보기는 보되 자세히 관찰하지 않는 경우가 많고, 듣기는 듣되 경청하지 않는 경우가 많기 때문이다. 새소리는 우리에게 익숙하기 때문에 특별히 신경을 쓰지 않고 새소리를 안다고 생각하고, 그것에 대해서 더 생각을 하거나 시간을 쓰지 않는다. 제대로 보고 제대로 듣는 것, 이것이 예술가 창의의 첫 번째 통찰법이다.

화가 파울 클레(Paul Klee)는 "미술은 보이는 것을 표현하는 것이 아니라 어떤 것을 보이게 하는 것이다"라고 말했는데 이는 바로 견(見)을 하지 말고 관(觀)을 하라는 이치와 같다. 화가 제스퍼 존스(Jasper Johns)는 '성조기'를 소재로 하여 미술 작품을 창작하면서 "내 작업은 익숙한 것들을 내가 어떻게 보는지를 '보는' 지점에서 시작된다"라고 했는데, 이는 그냥 보는 것이 아니라 어떻게 관찰하느냐에 따라 완전히 다른 차원의 창의와 혁신이 펼쳐질 수 있다는 의미이다.

예술가가 작품을 창작할 때 가장 근본적이고 기초적인

출발은 바로 '관찰'이다. 관찰은 자칫 본다는 의미와 유사하게 여겨질 수 있지만, 보기와 관찰은 근본적으로 완전히 다르다. 즉 보기는 했지만 제대로 보지 않았다면 이는 안 본 것과 같다.

다음의 이야기는 매우 우스꽝스럽기도 하면서 한편으로는 씁쓸한 면이 있는데, 너무 익숙해서 그 자체를 인식하지 못하고, '바로 보기'를 못하는 상황에 대한 이야기다.

젊은 물고기 두 마리가 나이든 물고기를 지나쳐 헤엄친다.

그들이 지나가자 나이든 물고기가 묻는다.

"좋은 아침이야, 젊은이들. 물은 어떤가?"

두 마리의 젊은 물고기는 한동안 계속 나아갔다.

마침내 한 마리가 다른 물고기에게 물었다.

"도대체 물이 뭐지?"

이와 같은 현상이 경영 현장에서 벌어진다면 어떠한 상황이 연출되겠는가? 무엇인가 외부의 변화를 감지하지 못하고, 변화를 하지 않다가 급격히 회사가 쇠락의 길에 접어들 수도 있고, 큰 이슈가 안 된다고 간과하다가 오히려 기업 성장에 커다란 걸림돌이 되는 경우가 허다하다. 관찰이

미흡하기 때문에 그렇다.

오듀본 소사이어티(Audubon Society)가 주최하는 매우 특이한 대회가 있는데, 24시간 동안 새들이 몇 마리인지를 세어보는 대회이다. 이 행사에 참가하는 사람들은 제대로 된 관찰에 의해 매우 민감한 관찰자가 되는 법을 배우게 된다고 한다. 즉 일상생활에서 늘 익숙하기에 지나쳐버릴 수 있는 것에 대해 관찰을 통해 새로운 발견을 하게 되는 것이다.

위대한 예술가와 과학자의 혁신과 창조는 관찰에서 시작된다. 대표적으로 다윈은 1831년부터 1861년까지 여행하면서 갈라파고스 제도에서 가져온 것들을 연구하기 시작했으며, 가져온 것들에 대한 매우 작은 차이 하나하나를 놓치지 않음으로써 위대한 이론을 정립해나가게 되었다. 추상화의 대가인 피카소는 어릴 때 아버지에게서 매일같이 비둘기 발만 그리는 숙제를 받아서 비둘기 발을 반복해서 그렸는데 15세가 되자 그는 사람의 얼굴, 몸체 등도 다 그릴 수 있게 되었다고 한다. 한 사물을 꾸준히 관찰함으로써 다른 것을 표현할 수 있는 생각의 힘을 가지게 된 것이다.

다빈치의 위대한 작품은 알지만 다빈치가 어떻게 천재성을 발휘하게 되었는지에 대해서는 잘 모르는 경우가 많다. 제대로 된 교육을 받은 적이 없는 다빈치의 유일한 친구

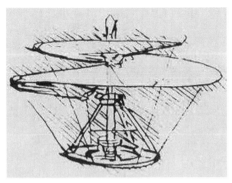

그림 5-1 다빈치가 헬리콥터의 원리를 적용해 상상한 기구 **자료:** 위키미디아.

는 바로 '자연'이었는데, 다빈치는 자연을 끊임없이 관찰하고 관찰한 것을 메모했다. 다빈치의 이러한 관찰 습관은 그의 그림에 놀라운 생동감을 부여했다. 다빈치는 그의 그림에서 인물들의 다양한 몸짓과 손동작을 풍부하게 표현하고 있는데 사람들이 그의 작품에 그토록 열광하는 이유는 바로 이러한 입체감과 생동감 때문이다. 만약 다빈치가 관찰하지 않고 그냥 보기만 했다면 결코 작품 속에서 생생하게 표현해낼 수 없었을 것이다.

이뿐만이 아니라 다빈치는 회화, 조각, 건축, 의학, 토목, 수학, 과학, 음악에 이르기까지 못하는 영역이 없는 그야말로 천재였다. 다빈치는 어릴 때 달걀을 관찰하며 수도 없이 그렸으며, 물의 움직임, 새가 날아가는 모습 등 늘 자연을 관찰하고 호기심을 가졌다. 다빈치가 매일 생각한 것과 연구한 것을 노트에 메모했는데 윈저성의 왕립도서관은 약 600쪽에 달하는 분량의 다빈치의 노트를 보관하고 있다. 다빈치의 이러한 관찰과 상상력은 비행기와 헬리콥터에 이르렀는데, 그 후로 400여 년 후에 비행기 등이 발명되었다.

다빈치의 천재성과 창의성을 보여주는 또 다른 일화가 있다. 다빈치는 그의 스승인 베르키오가 〈그리스도의 세례〉를 그릴 때, 왼쪽에 있는 천사를 그리게 되었다. 이때 다빈치는 계란 템페라로 그리던 화법을 과감히 버리고 물감에 기름을 섞어 그리는 유화 기법을 사용하여 스승과 그의 동료를 깜짝 놀라게 했다고 한다. 다빈치의 호기심과 관찰, 그리고 이에 기반한 위대한 창작의 과정과 작품의 탄생에서 우리는 기업경영에서 매우 의미 있는 시사점을 발견하게 된다.

그럼 관찰을 하게 되는 원동력은 무엇일까? 그것은 바로 다름 아닌 호기심이다. 호기심이 없으면 결코 관찰을 할 수가 없다. 수동적으로 보는 정도로는 창의적인 아이디어를 도출해낼 수 없다. 일명 '찍찍이'라 불리는 '벨크로'의 탄생 사례를 통해 호기심과 관찰의 중요성에 대해 생각해보자. 벨크로는 스위스의 게오르그 드 메스트랄(George de

Mestral)이 발명했다. 1941년 어느 날 메스트랄은 알프스 산 근처로 산책을 다녀왔다. 집에 와서 보니 옷에 이상한 것이 묻어 있었는데, 잘 떨어지지 않았다고 한다. 호기심 많은 메스트랄은 이를 그냥 지나치지 않고, 현미경으로 그것의 구조를 살펴보았다. 메스트랄은 세계 최초로 섬유접착포를 발명한 사람이 되었다. 이후 벨크로는 지퍼 없는 지퍼(zipperless zipper)로 세상에 선보이게 되었고 일상생활의 다양한 분야에서 활용되기 시작했다.

메스트랄의 호기심이 없었다면 벨크로는 탄생되지 않고, 산책을 다녀온 후에 옷에 묻은 식물 정도로 남았을 것이다. 호기심 없이는 관찰이 생기기가 매우 어렵기에 세상에 대한 다양하고 사소한 호기심을 갖는 것이 얼마나 위대한 일인지 깨달아야 한다. 위대한 호기심이 아니라 사소한 호기심임을 기억해야 한다. 위대한 것의 탄생은 위대한 호기심에서 출발한다고 생각할 수 있는데, 위대한 것의 탄생은 정작 사소하고 매우 일상적인 것에 대한 호기심에서 출발한다. 앞서 언급한 찍찍이의 사례 또한 너무나도 작은 호기심에서 출발하여 위대한 제품이 탄생하게 되었음을 생각해보면 알 수 있다.

아울러 관찰은 호기심과 더불어 인내심을 요한다. 물론

여기서의 인내심은 작위적이고 고문 형태의 인내심의 종류가 아닌, 기꺼이 마음을 낼 준비가 되어 있는 기쁨의 인내심이라고 보아야 할 것이다. 클로드 모네는 같은 장소에서 루앙대성당을 바라보며 시시각각 빛에 의한 변화를 담은 모습을 연작으로 그렸는데, 이는 보통 인내심으로는 하기 쉬운 일이 아니다. 그만큼 호기심이 있고, 관찰을 통해 표현하고자 했던 모네의 열정이 있기에 가능했던 것이다.

세계적인 기업인 인텔은 연구개발 부서에 IT 전문가가 아닌 문화인류학자 제네비브 벨(Genevieve Bell)을 영입했다. 벨은 사람들을 관찰하고 사람들이 어떻게 생활하는지를 보면서 PC의 미래 등에 대한 통찰을 제시하는 활동을 전개하고 있다. 왜 B2B 기업인 인텔이 엔지니어가 아닌 인류학자를 영입하여 세상을 살아가는 사람들을 관찰할까? 기업이 인간을 제대로 이해하는지, 제대로 이해해기 위해 '관찰'이 매우 중요하다는 점이 어젠다로 떠오르고 있기 때문이다. 고객을 잘 안다고 생각하는 착각 속에서는 결코 관찰이라는 행위가 실천될 수 없는 것이다. 따라서 고객을 제대로 알기 위해 그들의 삶 깊숙이 들어가 보기 위해 관찰이 필요한 것이며, 예술가 역시 관찰이라는 행위를 통해 궁극적으로 작품을 만들어가게 된다.

관찰은 전략 수립 및 경영 회의 시 무엇이 본질인지에 대해 더욱 접근하고, 본질을 꿰뚫는 데 있어서 매우 중요하다. 대표적으로 레고의 사례를 살펴보자. 경영에서는 시장 점유율을 높이기 위해서 무엇을 해야 하는가? 경쟁 업체는 무엇을 만들고 있는가? 등의 질문을 기반으로 분석하고 회의하고 전략을 수립하는 경우가 일반적인데, 이제 사고의 틀을 완전히 바꿀 필요가 있다. 레고는 앞서 언급한 경영 질문 대신에 '아이들에게 놀이는 무엇인가?'라는 기존의 산업화 시대에서는 익숙하지 않은 질문을 던지고, 아이들을 관찰함으로써 놀이의 속성과 의미를 이해하고 레고다운 제품을 만들어냈다. 인텔의 경우도 레고의 경우도 이 모든 것은 관찰에서 시작된다.

흔히 신제품을 구상할 때 소비자 조사라는 것을 한다. 소비자 니즈라는 거창한 이름으로 신제품 조사 분석보고서에 소비자 설문 조사 결과 선호도가 매우 높게 나왔으므로 신제품으로서 매력성이 높다고 평가하는 경우가 많다. 물론 이러한 과정 자체가 틀린 것은 아니다. 다만 이것은 좌뇌적 사고에 기반한 접근 방식이다. 지금 예술가의 창의와 통찰 접근 방법은 소비자에게 이것이 좋은지, 저것이 좋은지를 물어보지 않고, 소비자를 관찰하고 이해하고 느낀 것을 제품으로 출시하여 소비자로 하여금 감동을 주는 구조이다. 이러한 새로운 구조를 형성하는 첫 단추가 관찰인 것이다. 소비자에게 묻지 않고 관찰하는 것이다.

그렇기에 이러한 관찰은 미래 세상에서의 혁신 구현에 있어서 매우 강력한 무기가 되는 것이다. 조직 구성원은 관찰이라는 생각의 렌즈와 생각의 근육을 가꾸어나가야 한다. 관찰에는 호기심과 인내심이 당연히 수반되어야 한다. 왜 내가 이것을 관찰하고 있는지에 대한 근본적인 호기심이 없으면 안 된다. 그리고 아주 작은 것, 사소한 것이라도 놓치지 않고 관찰하는 힘이 또한 중요하다. 사회적인 통념 속에 하찮고, 사소해 보인다고 무시하거나 관심을 갖지 않게 되었을 때 오히려 우리는 많은 것을 잃게 될 수도 있다. 왜냐하면 기업의 경영 현상을 보고 있기는 하되, 기존의 통념과 생각 속에서 헤어나지 못하고, 이슈가 아닌 것으로 무시하거나, 이슈로 보이지 않거나, 미래의 커다란 기회인데 잘 보이지 않거나 하는 오류를 범할 가능성이 매우 크기 때문이다.

제대로 된 관찰은 비즈니스 현상의 본질을 꿰뚫어볼 수 있게 해주므로 무엇이 가장 핵심인지에 접근할 수 있다. 그러므로 위험에 대한 대비와 미래에 대한 준비에 있어서 때에 따라서는 선제적으로, 때에 따라서는 파괴적으로 혁신을 실천하며 지속성장 기반을 갖출 수 있게 된다. 수많은 비즈니스 현상을 분석하고 보고 있다고 하지만 제대로 된 보기인 관찰이 아니면, 보기는 보되 정작 보지 못하는 꼴이 된다. 그릇된 보기를 하면 무엇인가를 간과하기가 쉽고, 혁신 또한 파괴적으로 일어나기 어렵다. 본질에 깊숙하게 접근하지 못하고 있기 때문이다.

위대한 예술 창작에 있어서 관찰은 창의의 첫 단추라고 볼 수 있으며, 기업경영에 있어서도 관찰은 혁신을 유발하는 촉매제이다. 우리는 보기는 하지만 관찰을 하지 못해 기회를 파악하지 못하고, 본질을 제대로 간파하지 못하는 우를 범하는 경우가 허다하기에, 관찰의 중요성과 그 의미가 더욱 파괴적 혁신 경영에서 간절할 수밖에 없다.

2. 감정이입의 놀라운 힘

우리는 연극 공연을 볼 때 배우들의 실감나는 연기에 놀라움을 감추지 못하고, 끝내 감정이 북받쳐 눈물을 흘리기도 하고, 감동의 여운을 가지고 집에 돌아가기도 한다. 배우들은 어떻게 저렇게 연기를 할 수 있을까? 라는 질문에 빼놓을 수 없는 요소 중 하나는 바로 '감정이입'이다. 맡은 역할에 따라 배우는 주어진 역할을 예술의 경지에 끌어올리기 위해 해당 배역의 사람 속으로 들어가는 것이고, 철저히 자신을 잊고 100% 해당 배역의 인물로서 행동하고, 생각하고, 삶을 살아간다.

감정이입은 "타인이나 자연물 또는 예술 작품 등에 자신의 감정이나 정신을 이입시켜 자신과 그 대상물과의 융화를 꾀하는 정신작용"이라고 정의된다. 감정이입이라는 용어는 독일의 심리학자 립스가 처음 사용했는데 립스는 일몰을 장엄하다고 느끼는 것은 일몰을 바라보는 자신의 감정을 투입하는 것이거나, 일몰의 장엄함이 자신 속에 들어오는 것이라고 했다.

철학자 칼 포퍼는 새로운 이해를 얻을 수 있는 가장 유용한 방법은 '감정이입'이라고 보았는데, 여기서 중요한 것은 새로운 이해이다. 새로운 이해를 통해 새로운 창조적 사고가 탄생될 수 있기 때문이다. 『생각의 탄생』의 저자 루트 번스타인은 저서에서 감정이입에 대해 "사냥에 성공하려면 사냥감처럼 생각하라"라고 강조하고 있는데, 사냥을 잘 하려면 동물처럼 행동하고 생각하는 법을 배워야 한다는 것이다.

오스트레일리아 원주민 아이들은 토종새인 브롤가(Brolga)를 잡기 전에 새가 날개를 펴고 달려가는 동작을 따라하는데, 이러한 연습을 통해 아이들은 '새처럼 생각하는' 법을 배우게 되고 어떻게 하면 사냥을 잘할 수 있을지를 알게 된다. 그리고 한 추장의 이야기를 언급하자면 그들은 한 번도 동물의 사고능력을 의심한 적이 없으며 동물을 사람으로 느낀다고 한다. 동물이 사람이라고 생각하다 보면 동물의 영혼에 대해 궁금증을 갖게 되고, 동물의 눈을 들여다보면 볼수록 그게 동물의 눈이 아니라 사람의 눈으로 보인다고 한다. 이 추장은 감정이입이라는 단어를 사용하고 있지 않지만, 이미 감정이입을 실현하고 있고 "사냥을 잘하려면 사냥감처럼 생각하라"라는 말을 고스란히 실천하고 있음을 알 수 있다.

예술 작품에 있어서 빼놓을 수 없는 것이 바로 감정이입이다. 예술가의 감정이입은 공감과 창의, 감동의 원천이 되는데, 세잔의 사과 작품 사례를 살펴보자. 세잔하면 떠오르는 것이 있다면 대표적으로 사과 작품이다. 이 작품은 왜 그리 유명하며, 세잔은 어떻게 이 작품을 그리게 된 것일까?

세잔은 사과를 100번을 그리고, 100번을 고치고, 1,000번을 보고 또 본 화가이다. 세잔은 순간의 사과가 아닌 진짜 사과를 그리고 싶은 열정으로 사과 그림을 완성해갔다. 세잔은 사과 하나를 그리기 위해 기존에 가지고 있던 여러 생각, 형태, 색채 등을 버리면서 그 누구의 사과가 아닌 오롯하게 세잔 자신만의 사과를 그려낸다. 세잔의 "사과를 그리려거든 네 자신이 사과가 되어라"라는 말은 우리에게 의미심장한 시사점을 던져주며 감정이입의 의미를 알려주고 있다.

이뿐만이 아니다. 로댕의 〈생각하는 사람〉은 찌푸린 이마, 굳게 다문 입술뿐만 아니라 팔, 등, 다리의 모든 근육, 꽉 움켜진 주먹과 오므리고 있는 발가락까지도 섬세하게 묘사하며 생각하고 있다는 것을 보여주고 있기에 우리는 이 작품에 감동하고 공감하는 것이다.

> 형을 뜨는 작업을 하기 위해서는 인체에 대한 완전한 지식이 필요함은 물론 인체의 모든 부분에 대한 심원한 느낌을 가지고 있어야 한다. (조각가 오귀스트 로댕)

> 어떤 동물을 연구할 때마다 나는 그 동물이 되었다. 나는 그들처럼 생각하고 느끼고자 했다. (동물학자 데스몬드 모리스)

그림 5-2
로댕의 〈생각하는 사람〉

이중섭의 〈소〉라는 작품에도 감정이입이 그대로 투영되고 있음을 알 수 있다.

> A: 애들아, 애들아, 그 소문 들었어?
>
> B: 무슨 소문?
>
> A: 중섭이 말이야, 글쎄 중섭이가 소랑 입을 맞췄대.
>
> B: 뭐 말도 안 돼. 설마 그게 사실이야?
>
> A: 진짜라니까, 내 친구가 언덕에서 소랑 함께 있는 중섭이를 보았는데, 영락없이 뽀뽀하는 모습처럼 보였다고 하더라고.
>
> B: 에뭬뭬뭬뭬, 윽 생각만 해도 속이 느끼해져.

그림 5-3 이중섭의 〈소〉

A: 소랑 뽀뽀를 한다고? 별난 놈이야 별난 놈.

—〈명화논술-이중섭 '소'〉(《어린이동아》, 2008. 5. 29)에서

이처럼 예술가들은 감정이입을 통해 대상과 완전히 하나가 되어 오감각과 온몸으로 느끼며, 그 하나하나를 놓치지 않고 고스란히 표현해내기 위해 그리고, 보고, 느끼고 하는 수없이 많은 과정을 반복하면서 작품을 완성해간다.

감정이입, 그리고 앞서 언급한 대화 내용들을 읽고 어떤 생각이 드는가? 왠지 기업경영에서 무엇인가를 놓치고 있다는 생각이 들지 않는가? 일반적으로 고객에게 제품을 판매한다고 할 때 대부분은 공급자 입장에서 생각하는 경우

가 많다. 그리고 수많은 분석 자료를 통해 고객을 잘 안다고 착각하기도 한다. 그 어떤 경우에도 고객의 삶 속에 투영되어 고민하지 않으면서 말이다.

즉 우리 기업의 전자제품을 사용하는 고객이라는 생각은 하지만, 우리 제품을 사용하는 고객의 생활과 삶을 들여다보려고 하지는 않는다. 아울러 전자제품을 만드는 기업이면 전자제품의 기능 향상에 초점을 맞추는 것이 일반적이지, 스스로가 전자제품이 되어서 온몸으로, 오감으로 느끼고 생각하는 과정은 미흡한 경우가 대부분이다. 그렇기에 제품이 출시되어도 소비자가 감동을 느낄 만한 제품이 되지는 못하고, 이전보다는 조금 더 괜찮은 제품 정도로 포지셔닝이 되는 것이다. 기업 또한 이 정도 선에서 만족해하며 매출이 증대되었다고 자축하기도 한다. 그러나 얼마만큼 신제품이 파괴적 혁신이라는 타이틀을 가져갈 수 있을지, 소비자와 고객에게 어떤 감동과 경험을 전달하고 있는지를 스스로 자문해 보아야 한다.

이제 감정이입을 위해 냉장고면 냉장고, 자동차면 자동차가 되어 보아야 한다. 무엇이 느껴지는가? 자동차, 냉장고가 하나의 개발할 대상, 객체가 아닌 주체가 되도록 해야 한다. 그렇게 할 때 감정이입과 공감이 제대로 이루어질 수 있으며, 우리의 시각, 청각, 미각, 촉각, 후각 등의 오감각이 총 동원되어 온몸으로 느낄 수 있다.

앞에서 언급했듯이 한 백화점에서는 고객 대응 서비스 개선을 위해 해당 조직 구성원에게 고객 대응 서비스가 얼마나 중요한지를 숫자만 가득한 분석보고서를 제출하게 함으로써 해당 구성원을 자각시키는 전통적인 방식 대신, 연극의 형태를 도입해서 실제 직원의 불친절로 인해 고객이 느끼는 불편함을 몸소 체험하게 함으로써 고객 서비스를 개선했다. 직원 스스로 느끼고 실천하게 됨으로써 자기 자신이 주체로서 행동하게 되기 때문에 전통적인 방식을 통해 얻는 결과보다 훨씬 뛰어난 결과를 가져오게 되었다. 경험을 공유하고 공감함으로써 나타난 결과인 것이다. 여기에 감동이 함께 발현된다.

이러한 경험적 가치의 중요성은 더욱 강조되고 있는데, 경험이 얼마만큼 중요한지를 잘 알고 있는 세계적으로 유명한 병원인 클리브랜드 클리닉은 최고 경험책임자(Chief Experience Officer)를 두어 끊임없이 환자에게 감정이입을 해봄으로써 혁신의 기회를 찾아나간다. 왜냐하면 환자들은 병원에서 자신에게 했던 말이나 행동은 잘 기억하지 못하지만, 병원이나 의료진으로부터 받은 느낌은 결코 잊지 못한다는 것을 잘 알고 있기 때문이다. '환자 경험(patient experience)'은 의사들이 직접 환자가 되어 경험을 해보면서 환자의 입장을 이해하는 과정이다. '환자 경험'은 바로 감정이입을 투영하는 것이고, 이를 통해 환자 중심, 인간 중심의 서비스 디자인을 구현하는 것이다. 이러한 의료계 분야에서의 서비스 디자인은 의과대학에서 의사들에게 어떤 교육을 시켜야 할지에 대한 다양한 고민거리를 던져준다. 기존의 기능 교육을 훨씬 뛰어넘어 새로운 교육 커리큘럼이 구성되어야 환자와 함께 호흡하는 의료진이 될 수 있기 때문이다. 인지적 능력뿐만이 아니라 감성이 스며들고 감정이입이 되어야 한다. 감정이입이야말로 단순히 탁상공론적 토론이 아니라, 경험하고 관찰하고 느끼고, 개선해가는 것이다.

그럼에도 불구하고 여전히 병원에 가면 환자가 불편한 것은 매우 많으며, 시각, 청각, 미각, 후각, 촉각 등 오감 차원에서 보면 개선할 것이 한두 가지가 아니다. 환자의 동선은 어떠한가? 환자들의 동선을 그려보면 고객 중심이 아닌 병원 중심으로 되어 있음을 금세 알 수 있다. 예를 들어 많은 병원에서 병실에서 수술실로 이동할 때 침대에 누워 천장을 바라보며 이동하는데, 이때 일반인들도 오가는 통로 감정이입(empathy) → 문제정의(define) → 아이디어화(ideate) → 프로토타입(prototype) → 테스트(test)

그림 5-4 디자인 씽킹의 5단계

와 엘리베이터를 이용한다. 수술실로 이동할 때 수많은 일반인들을 지나치게 되고, 누워서 이동할 때의 공포감과 이상한 기분은 가히 좋은 느낌이 아닌 것만은 확실하다. 따라서 한 가지 예이긴 하나, 이는 환자의 입장에서 보면 환자의 마음 상태를 전혀 반영하지 못한 상황이 여전히 발생하고 있다고 볼 수 있다. 이는 전형적으로 감정이입이 투영되지 않은 것으로 보아야 할 것이다. 감정이입이 되었다면 무엇이 어떻게 어떤 방식으로 바뀌어야 할지가 더욱 선명하게 보일 것이다. 이렇게 서비스를 개선하는 과정에서 끊임없이 고객과 환자의 입장에서 24시간 고민하는 시간을 보내게 되기에, 추후 환자와 고객은 비로소 감동으로 화답하게 되는 것이다.

세계적인 창의의 요람이라 불리는 스탠포드의 D스쿨에서 만든 디자인 씽킹은 5단계로 구성되어 있는데, 그 첫 번째가 '감정이입(empathy)'이다.

기업경영에서 이러한 감정이입은 두 가지 측면에서 매우

의미가 크다고 볼 수 있다. 첫째, 파괴적이고 창의적인 혁신 제품 구현에 있어서 감정이입은 탁월한 역할을 수행하게 된다. 둘째, 조직 구성원에 대한 이해인데, 감정이입은 다른 사람이 되어 보는 것이기에 상대방의 입장을 고려하고 이해하는 과정이다. 이 과정을 통해 '틀림'보다는 '다름'을 이해하고 상대방의 마음을 고려해볼 수 있게 되는 것이다. 따라서 감정이입은 조직 구성원 상호 간 협업과 신뢰를 증폭하는 역할을 한다.

그러면 어떻게 하면 감정이입을 습득할 수 있을까? 어렸을 때 병원놀이, 소꿉놀이 등을 통해 다양한 역할놀이를 해본 경험이 있을 것이다. 바로 역할놀이 속에서 우리는 감정이입을 체험하게 된다. 환자 역할을 하는 사람은 아픈 표정과 행동과 말투로 환자의 상태 속으로 빠져들기도 한다. 이러한 감정이입은 연극의 형태로 표출될 수도 있다. 이와 더불어 '의인화'하는 습관은 감정이입에 있어서 매우 중요하다. 의인화는 말 그대로 사물을 사람처럼 인지하는 것이다. 시에서는 이러한 의인화를 통해 수려한 감정과 메시지를 세상에 던진다. 즉 나 자신이 사물이 되어 오감을 체험하며, 느껴보는 것이다. 그 속에서 무엇을 울부짖고 있는지를 살피고 사물과 마침내 하나가 되어 호흡하고 느끼는 것이다.

기업경영에서 '얼마만큼 공감과 감정이입을 통해 제품을 출시하는가?', '우리 기업의 제품에는 감동과 설렘이 있는가?'라는 질문에 대한 해답을 찾아감에 있어서 감정이입은 기업의 파괴적 혁신과 조직 구성원 상대방의 이해를 위해 매우 중요한 요소이다.

3. 과감한 경계 파괴

기업경영에 있어서 생각의 유니폼을 보는 경우가 흔하다. 생각의 유니폼이란 너도나도 생각이 유사하여 창의적이거나 파격적인 아이디어가 아니라는 뜻이다. 생각의 유니폼을 입고 있으면 파괴적 혁신으로 가기에는 요원하고 그저 그런 기업으로 남거나 퇴화되는 경향이 있다. 그렇게 수많은 조직 구성원들이 모여 회의하고 논의하고 전략을 수립함에 있어서 생각의 유니폼을 입고 있다면 수많은 시간과 고민이 낭비가 되기 십상이다. 왜냐하면 회의에 참여한 구성원들의 아이디어 수준이 고만고만하게 되기 때문이다. 그러므로 우리는 생각의 유니폼을 탈피하기 위해 예술가의 경계 파괴에 대해서 깊이 새겨볼 필요가 있다.

예술가는 작품 구현에 있어서 늘 경계를 파괴한다. 존 케이지의 〈4분 33초〉는 대표적인 경계의 파괴이자 일반적인 통념을 깨부수는 작품이라고 할 수 있다. 일반적으로 음악에는 악보가 있고, 오케스트라 단원의 연주나 성악가의 노래를 음악 소리라고 생각한다. 틀린 이야기는 아니지만 케이지는 이러한 일반적인 생각에 일침을 가한다.

유영만은 『상상하여? 창조하라!』에서 〈4분 33초〉 작품의 위대함에 대해 설명하고 있다. 1952년 8월 29일, 청중들로 가득 찬 뉴욕의 한 콘서트 홀의 무대에 등장한 케이지는 정중하게 인사한 후 피아노 앞에 앉아 피아노 뚜껑을 연다. 큰 박수로 맞이한 후 연주를 기다리는 청중들, 하지만 이게 웬일인가? 연주자는 아무것도 할 생각이 없다는 듯 가만히 앉아만 있는 게 아닌가? 관객들은 뭔가 이상하다고 생각하면서도 참을성 있게 기다린다. 장내는 언제 시작될지 모르는 음악을 기다리는 긴장감으로 가득하고, 그 고요함을 깨뜨리는 건 바깥에서 들려오는 자동차 경적 소리, 홀 밖에 서 있는 나무들을 스치는 바람 소리, 지붕을 때리는 빗방울 소리, 의자가 삐걱대는 소리, 여기저기서 들려오는 어색한 기침 소리와 소곤거리는 소리뿐이었다. 평소 귀 기울여 본 적이 없는 이 모든 소음들이 너무나 선명하게 울려 퍼지

그림 5-5
존 케이지의 악보 〈4분 33초〉

는데, 피아니스트는 문득 피아노 뚜껑을 닫더니 일어나서
인사를 하고 퇴장한다. 그가 피아노 앞에 앉아 있었던 시간
은 정확히 4분 33초, 이것이 바로 현대 음악에 '우연'이라
는 새로운 규칙을 제시했던 케이지가 작곡한 〈4분 33초〉라
는 곡의 초연이었다. 이날 발표된 〈4분 33초〉라는 곡은 연
주 현장에서 우연히 만들어진 자연스러운 소리들이 작품을
구성하면서 이른바 우연성의 음악을 만들어냈다. 음-없
음, 일상의 소음마저도 음악이 될 수 있다는 케이지만의 상
상력이 음악에 대한 새로운 분류 체계와 개념을 만들어낸
것이다. 악보가 없기에 늘 새로울 수 있게 된다.

경계의 파괴를 이야기하면서 마르셀 뒤샹(Marcel Duchamp)

그림 5-6
마르셀 뒤샹의 〈샘〉

의 변기 이야기를 빼놓을 수 없다. 이 작품의 이름은 〈샘〉으로 뒤샹이 작품을 내놓자마자 평론가들은 이게 무슨 예술이냐며 무수한 비난을 쏟아내기 시작했지만 지금은 걸작으로 평가받고 있다. 이 작품은 레디메이드라는 개념을 예술에 도입한 작품으로, 예술에서 중요한 것은 '대상'을 만드는 것이 아니라 '개념'을 만드는 것이라는 것을 말하고 있다. 이 작품은 나중에 초현실주의와 개념미술에까지 영향을 미쳤다.

변기가 예술 작품의 소재가 된다는 것은 쉽게 납득하기 어려울 것이다. 그러나 뒤샹은 이러한 생각의 유니폼을 과감히 뛰어넘어 새로운 개념을 던졌다. 과감한 경계의 파괴가 이루어내는 위대한 생각의 경지라고 봐야 한다. 기존에 가지고 있던 생각의 틀을 깨면서 새로운 개념과 정의를 구현하는 예술가들의 경계 파괴적인 사고야말로 기업경영자들이 배우고 익히고 깨달아야 할 중요한 요소가 아닐 수 없다.

예술 작품을 보다 보면 '저런 사소한 소재로 작품을 만들기도 하나?'라는 의구심을 가지는 경우가 더러 있다. 그런데 이러한 사소한 소재를 이용하여 위대한 예술 작품을 만들어내는 것에 우리는 놀라움을 감출 수가 없다.

짧은 인생을 살았던 이탈리아의 전위예술가인 피에로 만초니(Piero Manzoni)는 1961년에 본인의 대변을 90개의 깡통 속에 밀봉해 〈예술가의 똥〉이라고 명명했다. 그리고 몇 년 전 영국의 한 유명 미술관에서 이 작품을 영구히 소장하기 위해 사들였다고 한다. 오물 처리장에 들어가야 했을 배설물이 동기의 전환으로 인해 미술관에 영구 소장되는 예술품으로 승화된 것이다. 이 작품은 배설물이 소재로 사용된 것도 있지만 사실 예술과 대중의 괴리를 풍자하려고 만들어진 작품이라는 점에서 더 주목을 받았다. 지나치게 일상적이고 사소하고 익숙하고 하찮은 소재나 사물에 대해서도 결코 소홀히 하면 안 되며, 어떠한 관점과 동기가 부여되느냐에 따라 세속적인 것이 위대한 것이 될 수 있음을 우

그림 5-7
피에로 만초니의 〈예술가의 똥〉

리는 잊어서는 안 된다. 세속적인 것의 위대함은 고스란히 우리가 사용하는 제품 등에서도 느낄 수 있다.

기업경영 활동에서 전략을 수립함에 있어서 기업이 영위하는 산업의 정의를 내리기도 하고 경쟁 및 경쟁자를 정의하는데, 이러한 정의를 내림에 있어서 경계의 철저한 파괴에 기반한 사고는 기업경영의 파괴적 혁신을 이루어내는데 매우 중요한 관점이 된다. 예를 들어 자동차를 만드는 회사는 자동차 제조만을 고집할 필요가 없다. 물론 시대를 앞서가는 소위 죽이는(?) 자동차를 만드는 자동차 제조업체로 존재하는 것도 의미가 있지만, 산업의 경계라는 틀에서 보면 제조업의 경계를 뛰어넘어 제조업체라고 해서 서비스업을 도외시하고 관심을 가지지 않을 이유가 전혀 없다. 세계적인 자동차 업체들이 공유 경제의 흐름에 대응하기 위해 자동차 서비스 업체를 인수해서 자동차 제조를 뛰어넘어 자동차 서비스 사업을 추진하는 것은 기존의 경쟁 구도, 기존의 산업 체계에서 일탈하는 사고 속에서 도출될 수 있는 전략이다. 기존의 틀 속에서는 '어떻게 더 나은 자동차를 만들 것인가'에 생각이 경직될 수 있기 때문이다.

이뿐만이 아니다. 화장품은 얼굴이나 피부에 바른다는 생각을 하지만 '마시는 화장품'의 개념은 기존의 틀을 부수는 생각이 되는 것이다. 화장품은 바르는 것이고, 음료는 마시는 것이라는 경계적 사고에서는 결코 나올 수 없는 아이디어인 것이다. 이것이 바로 메디치 효과인데, 메디치 효과(medici effect)란 전혀 다른 역량의 융합으로 생겨나는 창조와 혁신의 빅뱅 현상을 의미한다. 르네상스 시대에 이탈리아 피렌체의 부호였던 메디치 가문은 당대의 예술가, 과학자, 상인 등 이질적 역량을 한데 모아 르네상스라는 역사적인 빅뱅을 이루었다.

경계의 파괴 사고는 '메디치 효과'라고 불리는 것과도 연관성이 있다. 즉 전혀 상관없어 보이는 것과의 결합으로 생각의 틀을 완전히 새롭게 재탄생시키는 것이다. 1996년 유명한 건축가 믹 피어스(Mick Pearce)는 전기가 부족한 아프

리카의 짐바브웨에 '에어컨 없는 쇼핑센터'인 이스트게이트를 지었다. 그런데 그 원리를 어디서 가져왔을까?

바로 흰 개미의 집에서 아이디어를 가져왔다. 피어스는 이스트게이트 쇼핑센터에 흰 개미 집의 원리를 적용함으로써 냉난방 시설을 가동하지 않고도 실내 온도는 항상 24도로 일정하게 유지하고, 전기 사용은 85%, 가스 사용은 87%, 물 사용은 28%나 줄이는 에너지 절약의 혁신을 이루어냈다. 일반적인 통념에 따른 건축물이었다면 앞서 이야기한 획기적인 에너지 절약이 애초에 불가능했을 것이다. 이렇게 새로운 관점은 파괴적 혁신의 원동력이 됨을 알 수 있다.

만약 믹 피어스가 생물학에 관심이 없었다면 생물학과 건축학의 결합인 메디치 효과는 탄생되지 못했을 것이다. 기업경영에 있어서 경계의 파괴인 통섭과 융합이 얼마나 중요한지 그 중요성을 다시 한번 머리가 아닌 가슴으로 체화해야 한다. 통섭의 석학인 이화여자대학교 최재천 교수는 "지금은 한 우물을 파는 것이 아니라 적극적으로 월담을 해야 하는 시대다. 우물을 깊게 파려면 최대한 넓게 파야 한다"라고 하며 통섭의 중요성을 강조하기도 했다. 바로 경계를 파괴해야 하고 원래 그런 것이라는 생각의 유니폼, 생각의 상을 버려야 새로운 아이디어, 새로운 정의가 탄생되며, 창의와 혁신이 수반될 수 있다.

이러한 경계의 파괴가 일어나기 위해서는 자신의 분야 이외의 세상을 둘러볼 수 있어야 한다. 다른 분야의 세계와 세상에는 어떤 것이 있을지 월담을 해봐야 한다. 흥미가 있으면 자주 월담을 하다가, 또 다른 분야로 월담을 하는 행동이 필요하다. 이러한 월담이라는 위대한 행위를 통해 다른 분야의 지식과 지혜를 습득하고 다른 분야의 사람들과의 교류도 확대한다면 커다란 자산을 쌓을 수 있게 될 것이다. 또한 일상 속에서 전혀 연관성이 없는 두 단어를 무의식적으로 떠올리고, 두 단어의 결합에 의해 생각해볼 수 있는 아이디어에 대해 생각하는 훈련 또한 의미가 있다. 이러한 생각의 훈련은 기존의 경계의 틀을 깨는 데 매우 효과적이다.

다이슨의 날개 없는 선풍기 또한 기존의 상을 떨쳐내는 사례라고 볼 수 있다. 생각의 유니폼적인 사고에서는 선풍기는 날개가 반드시 있어야 한다. 그런데 다이슨은 '선풍기는 날개가 없으면 안 돼?'라는 생각으로, 날개가 있어서 불편한 점은 없는지를 관찰하면서 '날개 없는 선풍기'라는 새로운 개념을 만들어낸 것이다. 이것이 바로 기존의 생각의 틀을 깨는 소위 '상자 밖의 생각'이라는 것이다. '원래 그렇다'라는 생각을 버리고 새로운 도화지에 새로운 개념을 과감히 그려보고 상상하는 것이 매우 중요한 것이다.

기존의 틀에서 벗어나서 새로운 관점과 새로운 세상을 펼치고자 경계를 파괴하고 우연을 적극적으로 받아들이는 예술가들의 창작의 몸부림은 기업경영에서 우리가 반드시 가져가야 할 중요한 관점이다. 경계의 파괴와 이를 통한 끊임없는 혁신이 기업경영에서 간절하다. 경계를 반드시 파괴해야 한다. 산업의 정의와 경쟁의 정의를 재정의해봐야 하며, 이에 기반한 새로운 혁신을 이뤄가야 한다.

4. 알레아토릭, 우연과 파괴적 혁신

초등학교에서 동일한 재료를 가지고도 우연이라는 변수를 접목하게 되면 예상치 못한 어마어마한 창의적인 결과를 가져오게 된다는 심리학자의 실험 결과는 참으로 흥미롭다. A반의 경우에는 재료를 보여주면서 이것으로 자동차를 만들 것이라고 알려준 후 아이들에게 재료 중 세 개를 고르게 했다. B반의 경우에는 먼저 각자가 좋아하는 재료 세 개를 고르게 하고 아이들이 재료를 다 고른 후에야 그 재료로 자동차를 만들어보라고 했다. A반과 B반은 '우연'이라는 요소에 차이를 두고 있는데, A반에는 우연이라는 요소가 없는 반면 B반에는 우연이라는 요소가 있다. 창의성 측면에서 결과는 어떠했을까? B반 아이들의 작품이 훨씬 창의적이었다. 단지 매우 작은 우연이라는 요소가 가미되었는데 결과가 판이하게 달라진 것이 신기하지 않은가? 이는 많은 돈을 들이지 않고도 창의적인 인재를 육성할 수 있다는 단서가 되기도 한다.

중요한 것은 우연은 전혀 예상치 못한 창의와 혁신을 가져온다는 것이다. 결국 경직되어 있는 조직에서, 그리고 우연이 없는 조직에서 창의성과 파괴적 혁신을 기대하기는 어렵다는 얘기다. 예술에서 '우연'은 꼭 필요한 것이고 그렇기에 세상의 획을 긋는 예술 작품들이 탄생하게 되는 것이다.

예술에서 '알레아토릭(aleatorik)'이란 것이 있는데, 이는 예술에서 창작의 전부 또는 일부를 우연에 맡기는 기법을 일컫는다. 알레아토릭에서 '알레아'는 라틴어로 '주사위'를 의미하는데, 즉 미리 악보나 소재 등을 준비해놓고, 주사위를 던져서 주사위가 나온 숫자에 해당하는 악보나 소재를 사용하여 새로운 창작을 시도하는 것을 말한다.

곽영식의 저서 『창업을 위해 미학에서 배우는 신상품 개

	1	2	3	4	5	6	7	8	9	10	11	12	13	14	15	16
2	96	22	141	41	105	122	11	30	70	121	26	9	112	49	109	14
3	32	6	128	63	146	46	134	81	117	39	126	56	174	18	116	83
4	69	95	158	13	153	55	110	24	66	139	15	132	73	58	145	79
5	40	17	113	85	161	2	159	100	90	176	7	34	67	160	52	170
6	148	74	163	45	80	97	36	107	25	143	64	125	76	136	1	93
7	104	157	27	167	154	68	118	91	138	71	150	29	101	162	23	151
8	152	60	171	53	99	133	21	127	16	155	57	175	43	168	89	172
9	119	84	114	50	140	86	169	94	120	88	48	166	51	115	72	111
10	98	142	42	156	75	129	62	123	65	77	19	82	137	38	149	8
11	3	87	165	61	135	47	147	33	102	4	31	164	144	59	173	78
12	54	130	10	103	28	37	106	5	35	20	108	92	12	124	44	131

그림 5-8 알레아토릭

자료: http://hompy.sayclub.com/anger555

발』에서 알레아토릭을 이용하여 미뉴에트를 만드는 과정을 보자. 알레아토릭에서는 총 16번 주사위를 던지는데, 이때 두 개의 주사위를 던진다. 이 경우에 나온 숫자가 하나는 4, 하나는 2라면, 4+2=6이다. 주사위를 던진 횟수인 가로줄 1과 두 개 주사위의 합을 표시하는 세로줄의 여섯 번째 행을 보면 148이 나온다. 이것이 미뉴에트의 처음을 장식하는 음이다. 이제 두 번째로 주사위 두 개를 던진다. 이때 나온 숫자는 하나는 6, 다른 하나는 6이다. 그러면 6+6=12이다. 그렇다면, 가로줄의 2와 세로줄의 12번째 행이 만나는 130이 그 다음 소절의 음이다. 이렇게 반복해서 주사위를 던지고 전혀 예측할 수 없는 새로운 음 조합을 찾아가면서 미뉴에트를 완성하는 원리다.

이쯤에서 재즈를 살펴보지 않을 수 없다. 왜냐하면 재즈는 즉흥의 극치이고 즉흥은 우연을 전제로 움직이기 때문이다. 재즈는 우연이라는 요소를 극대화하여 즉흥이라는 매우 매력적인 요소를 지니고 있는 예술이다. 그래서 더욱 매력이 느껴진다. 각본 없는 드라마에 우리가 더 열광하는 이유도 이와 마찬가지가 아닐까 하는 생각이 든다.

따라서 재즈는 최소한의 규칙을 기반으로 하되 자율을 최대한 존중하는 예술 장르이다. 재즈는 지휘자 없이도 아름다운 하모니를 만들어내고, 즉흥연주를 통해 같은 악보를 놓고 어제와 다른, 남과 다른 소리를 낸다. 재즈밴드에는 지휘자가 없으니 모두가 지휘자가 되고 단원이 되는 것이다. 연주자들이 번갈아가면서 솔로 연주를 할 때면 다른 연주자들은 지원을 하는 형태의 '트레이드' 연주 방식을 취하는데, 이러한 연주자들 간의 역동적 상호작용 속에서 협업과 즉흥을 통해 최고의 연주를 이끌어낸다. 이처럼 재즈 연주자는 악보라는 형식에 얽매이지 않고 스스로 해석하여 직관적 연주로 표현한다.

재즈에는 상대적 가치보다는 절대적 가치가 존재하고 있

다. 100번을 연주해도 제각기 다른 맛을 지니고 있기에 비교의 관점에서 더 나은(better)의 의미가 아닌 개별적인 관점에서의 독창적이고 색다른(different)의 의미를 지니게 되고, 각각 다른 맛의 의미가 훨씬 돋보이는 것이다. 남을 따라한다는 생각 자체가 존재하지 않는 세상인 것이다. 실수를 새로운 가능성으로 바라보는 것 또한 재즈의 특성이다. 실수와 우연이 살아 숨 쉬는 공간이 바로 재즈이고, 여기에서 수많은 알 수 없는 즉흥이 펼쳐지는 것이다.

재즈의 전설로 불리는 마일스 데이비스(Miles Davis)는 늘 재즈의 새로운 역사를 만들어가는 위인이었는데, 기존의 틀을 항상 파괴하면서 기어이 새로운 것을 만들어냈기 때문이다. 데이비스는 20대 초반에 재즈바에서 동전을 던져 바닥에 떨어지는 소리를 듣고 그 소리가 어떤 음인지를 맞히는 훈련을 했는가 하면, 비밥, 쿨재즈, 하드밥, 퓨전 재즈 등 재즈의 장르를 확장한 재즈의 산 증인이라고 할 수 있을 정도로 새로운 혁신과 도전의 아이콘이었다.

어느 날 데이비스는 다른 연주자들에게 함께 연주할 곡에 대해 기본 정보만 제공하고 다른 정보는 알려주지 않았다. 단지 한 가지 연주자들에게 요청했는데 "스케일에 따라 연주하라"는 것이었다. 연주는 리허설 없이 진행되었고

그림 5-9
재즈의 전설 마일스 데이비스
자료: 마일스 데이비스 공식 홈페이지
(www.milesdavis.com).

녹음되었는데, 이것이 바로 그 유명한 〈Kind of Blue〉의 탄생 일화다. 데이비스는 최대한의 즉흥성을 위해서는 개입을 최소화해야 한다는 것을 인지하며 새로운 세계로 계속 나아갔다. 최소한의 구조가 만들어내는 최대한의 자율성이 재즈의 오랜 전통이자 특징이다.

미래의 경영 환경은 재즈가 지닌 이러한 즉흥과 조직 구성원 간의 역동적 상호작용 속에서 창의를 이끌어내야 하므로 이러한 요소는 경영 혁신에서 절실하다. 가보지 않은 길, 길 없는 길을 만들어가는 창의와 혁신의 과정에는 즉흥과 우연이 수반되어야 한다.

필자는 '우연' 하면 떠오르는 것이 있는데 다름 아닌 세렌디피티(serendipity)이다. 세렌디피티는 뜻밖의 발견, 의도하지 않은 발견, 운 좋게 발견한 것을 뜻한다. 영국 작가 호레이스 월폴(Horace Walpole)이 1754년에 쓴 『세런딥의 세 왕자(The Three Princes of Serendip)』라는 우화에 근거해서 만들어진 말이다. 이 우화는 세런딥이라는 섬 왕국의 세 왕자가 섬을 떠나 세상을 겪으면서 뜻밖의 발견을 하는 내용인데 이에 착안해서 만들어진 말이다. 아마존의 창업자 제프 베조스(Jeff Bezos)는 재미 삼아 차고에서 중고책 몇 권을 판 경험이 자신의 세렌디피티였다고 한다.

　페이스북 창업자 마크 저커버그(Mark Zuckerberg)는 2010년 〈타임〉 지와의 인터뷰에서 "우리는 사람들이 행하는 세렌디피티라는 개념을 가지고 있어요. 뜻밖의 행운인거죠. 가령 레스토랑에 가서 한 번도 보지 못했던 친구를 우연히 마주치는 것과 같은 거죠. 굉장한 경험이죠. 그 상황이 그렇게 마법처럼 보이는 이유는 대체로 그런 일이 자주 일어나지 않기 때문이죠. 하지만 저는 그런 상황들이 실제로는 흔하다고 생각해요. 우리가 그중의 99퍼센트를 놓치고 있는 거겠죠"라고 말했다. 이는 우연이라는 것이 결국은 호기심을 비롯한 관심과 연동될 때 빛을 발하게 되는 것이고,

아무런 호기심과 관심, 관점이 없으면, 우연이 아무리 찾아와서 노크를 해도 인지하지 못할 것이라는 의미이다.

페니실린 발견도 이와 같은 이치다. 스코틀랜드 생물학자 알렉산더 플레밍(Alexander Fleming)은 무심코 포도상구균이 담긴 배양기를 며칠 동안 공기에 노출했다가 푸른곰팡이 주변에만 유달리 박테리아가 증식하지 않는다는 것을 우연히 알아냈다. 현상 자체로만 보면 플레밍은 우연하게 발견한 것 같지만 그 내막을 보면, 그가 끊임없이 고민하고 관심을 가지고 있었기에 그 우연의 의미를 놓치지 않은 것이며, 이것이 바로 앞서 이야기한 '보기'와 '관찰'의 차이다. 똑같은 현상을 보았을 때도 이처럼 관찰하지 않고 그냥 보기를 했다면 아마도 플레밍은 페니실린을 발견하지 못했을 것이다. 그러나 플레밍은 관찰을 했기에 해로운 박테리아의 증식을 억제하는 성분을 생산해내는 푸른곰팡이를 발견하게 된 것이며, 그것이 페니실린이다. 페니실린의 발견은 이후 항생제 분야 발전의 시발점이 되었다.

이렇듯 세렌디피티는 우연하게 일어나는 것이지만, 관심과 호기심이 뒷받침되어야 우연의 의미를 인지하고 실행할 수 있고, 그것을 실행함으로써 그 우연이 빛을 발하게 되는 것이다. 아무 생각 없는 우연은 존재하지 않는다고 보아야 할 것이다.

우연은 생각에 숨을 넣어주는 것이라고 볼 수 있다. 꽉 찬 생각에 숨이 들어갈 틈이 없으며, 다른 생각이 들어갈 여유도 없고, 있다 해도 무시하는 경향이 있다. 기업 현장의 모습을 살펴보면 그야말로 우연이 들어갈 수 없는 구조로 인해 창의성 조직과 창의적인 문화 조성이 수월하지 않게 되어 있는 경우가 태반이다.

진정한 혁신을 위해 우리는 '우연'이 작동되도록 해야 하는데, 지금까지의 경영 방식은 한 치의 오차도 없이 생산성과 효율성을 위해 돌격 앞으로의 형태를 취하면서 이루어졌기에 우연을 용납하기 어려웠다. 우연을 용인하지 않는 기업은 그저 그런 기업이 될 가능성이 매우 높으며, 우연을 용인하는 기업은 창의라는 옹달샘을 지니고 창의가 지속적으로 창출하는 체제를 갖추게 되는 것이다.

우연에 의한 발견이 있으려면 조직 내 여유인 슬랙(slack)이 있어야 한다. 그러나 일반적으로 효율성을 추구하는 시대에서 조직의 슬랙은 자원의 낭비로 여겨지기에 조직 내 여유를 찾기가 어렵다. 그러나 미래 세상에서는 효율성보다는 효과성이 훨씬 중요하기에 조직 내 여유는 새로운 창조와 혁신의 커다란 원동력이 되는 무형의 자산이다. 너무나 효율적인 사람, 너무나 효율적인 조직은 너무 바빠서 새로운 생각을 할 시간이 없고, 새로운 일이 발생하는 경우에 새로운 것에 유연하게 대응하고 발전시켜나갈 동력이 없게 되는 것이기에, 새로운 기회의 포착이 쉽지 않아, 다양한 시그널을 주어도 보지 못하고 간과하는 경우가 허다하다. 따라서 생각에 숨을 넣어주기 위해서는 조직 내 슬랙이 필요하다.

구글은 20% 프로젝트를 바로 조직의 슬랙을 통해 새로운 가치를 창출하는 데 활용하고 있지 않은가? 구글은 업무의 20%의 시간은 딴생각을 하라는 뜻으로 20% 프로젝트라는 이름을 붙였다. 여기서의 딴생각이란 새로운 호기심, 새로운 관점, 새로운 가치를 위한 새로운 생각을 의미한다. 3M의 '15% 룰' 역시 조직의 슬랙을 독려하고, 조직 문화 속에서 새로운 것을 창출하도록 하는 것이다. 앞에서 언급한 포스트잇의 탄생을 생각해보면 만약 3M이 효율만을 추구하는 회사였다면 포스트잇은 세상에 나올 수 없었을 것이다. 왜냐하면 효율만 추구하다 보면 그러한 실패작이라고 여겨지는 제품에 대해 시간을 할애하여 생각할 여유가 없을 뿐더러 쓸데없이 시간 낭비하는 것으로 보일 테니 말이다. 하지만 3M은 이 실패작이 무엇이 될 수 있을지

| 슬랙이 없는 조직 | 슬랙이 있는 조직 |

그림 5-10 조직 내 슬랙의 필요성
자료: Tom DeMarco, *Slack*(Crown Business, 2010), pp.24-25.

새로운 생각을 시도해봄으로써 포스트잇이라는 대 히트 제품을 출시할 수 있었던 것이다. 틀에 정해진 업무 속에서 우연과 창의는 멀어지게 되고, 조직이 숨을 쉴 수 없기에 조직 구성원의 동기 부여 역시 저하되기 쉽다.

5. 추상과 단순화

당신들은 보고 있어도 보고 있지 않다. 그저 보지만 말고 생각하라. 표면적인 것 배후에 숨어 있는 놀라운 속성을

찾아라. (파블로 피카소)

현상은 복잡하다. 법칙은 단순하다. 버릴 게 무엇인지 알
아내라. (리처드 파인만)

추상은 불필요한 부분을 제거하면서 사물의 놀라운 본질
을 드러내게 하는 과정이라고 할 수 있다. 그렇기에 추상화
는 곧 단순화라고 할 수 있다. 즉 리처드 파인만이 이야기
했듯이 "현상은 복잡하다. 법칙은 단순하다. 버릴 게 무엇
인지 알아내라"가 핵심이다.

루트번스타인의 저서 『생각의 탄생』에 서술된 내용을
보자.

피카소는 "추상에 도달하기 위해서는 항상 구체적인 실재
로부터 시작해야 한다. 뭔가 실체가 있는 것에서 출발해야
만 나중에 실재의 흔적들을 제거해나갈 수 있다. 그리고
그런다 해도 큰 위험은 없다. 왜냐하면 그 오브제가 표방
하는 이념은 아무리 지운다 해도 지워지지 않는 표시를 남
길 테니까. 어쨌든 현실이야말로 화가가 그림을 시작하게
되는, 마음이 흥분되고 감정이 동요되는 출발점이 된다"

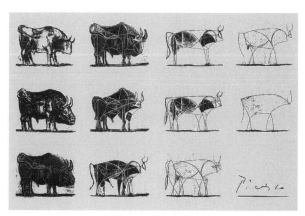

그림 5-11 피카소의 〈황소〉

라고 했다. 자신의 말 그대로 피카소는 그 유명한 황소 연작물을 시작하면서 처음에는 황소의 모습을 아주 사실적으로 묘사했다. 그는 황소의 몸에서 펑퍼짐한 부분들이 형태를 만들고 있다는 점에 흥미를 느끼고 이 부분에 초점을 맞추면서 연작을 그려나갔다. 그러다가 평면들의 가장자리와 모서리에서 황소의 특징이 가장 잘 드러난다는 것을 알게 된 그는 간단한 외곽선 몇 개로 황소를 처리한 그림을 그렸다. 그리고 종국에 가서는 황소의 몸을 이루는 요소들은 대부분 제거하고 머리의 특징을 잡아낸 그림을 그렸다. 몸을 구성하는 특징이 사라졌음에도 불구하고 이 그림은 '황소다움'의 본질을 보여준다. 그림이 황소를 표현하고 있음을 알아내는 데는 별 문제가 없는 것이다. 피카소에게 있어서 황소다움이란 머리의 크기나 몸뚱이에 있는 게 아니라 뿔처럼 아주 단순한 것들에 깃들어 있었다.

루마니아의 조각가 콘스탄틴 브랑쿠시(Constantin Brancusi)의 작품 〈공간의 새〉를 보면 새를 표현해주는 깃털이나 날개나 부리 등은 작품 어디에서도 찾을 수 없는 것이 특징이다. 그래서 새를 표현한 것이 맞는지 의아심이 생길 수도 있다. 하지만 이 작품의 진정한 가치는 눈으로 보는 형상이 아니라 터질 듯한 긴장감에서 찾아야 한다. 피카소가 이야기한 것처럼 눈에 보이는 것이 아닌 그 배후에 있는 것을 관통해서 바라보는 것이다. 이 작품은 마치 한 줄기 섬광처럼 치솟아 오르는 새의 이미지인 '비상의 아름다움'을 완벽하게 보여주는 걸작이라고 평가되고 있다. 물질과 빛의 결합으로 비상이 가지는 완벽한 가벼움을 절묘하게 드러내고 있는데, 사물을 관통하는 본질적인 이미지를 잡아내는 탁월한 능력을 이 작품에서는 보여주고 있는 것이다.

이처럼 추상은 바로 본질이기에 기업경영에서는 이러한 추상경영이 확립되어야 하는데 오히려 반대로 움직이고 있

그림 5-12
브랑쿠시의 〈공간의 새〉

다는 게 문제다. 매뉴얼도 복잡하고, 평가기준들도 매우 복잡하고, 제품의 종류들도 수없이 많고, 온통 복잡성 속에서 허덕이면서 정작 본질은 꿰뚫지 못함으로 인해 추상경영이 아닌 복잡경영의 형태를 보이고 있다.

　현대 사회는 너무 복잡해서 그것의 본질을 꿰뚫기보다는 복잡성 속에 안주한 채로 해법을 찾으려고 하는 경향이 있는데 이는 자칫 전체적인 관점에서의 해법이 아니라 부분적 관점에서의 해법이 될 수 있다. 따라서 기업경영에 있어서는 복잡한 비즈니스 현상을 단순화하고 본질에 초점을 맞추려는 노력이 필요하다. 기업에서 회의하는 모습을 화폭에 담아본다면 문제의 본질에 접근하지 못한 채 주변적인 것, 복잡한 토론이 난무하는 경우가 많은데, 이는 경영에서 추상을 제대로 못하고 있기 때문이다. 현상은 복잡하지만 본질은 단순하다는 사실을 잊은 채 바쁜 일정 속에서 현업경영에 매달리다 보면, 다양한 기업경영 이슈에 대한 고민이 자칫 잘못된 각도와 방향으로 이루어질 수도 있음을 반드시 기억해야 한다.

기업경영에서는 복잡성 비용이라는 것이 있는데, 컨설팅 업체 베인앤드컴퍼니가 1,000명 이상의 종업원이 근무하는 200개 기업을 대상으로 조사한 결과 복잡성으로 인한 비용이 전체 제품 원가의 10~25%를 차지한다고 하니 이 복잡성이야말로 기업이 폐기해야 할 요소이다.

일반적으로 의류를 파는 회사는 옷의 종류 및 사이즈를 다양화하는 전략을 취하는 경우가 많은데, 청바지로 유명한 게스는 다양한 사이즈 출시를 거부하고 오히려 24인치 청바지만 출시해 자신의 제품을 여성의 아름다움을 상징하는 청바지로 이미지화하여, 여성들로 하여금 게스 청바지를 입게끔 하는 단순한 전략을 내놓기도 했다. 애플은 제품에서 핵심기능을 제외한 기능을 제거하고 제품 종류를 축소했는데 이는 심플경영의 대표적인 사례라고 할 수 있다. 그렇지만 단순화하는 것이 얼마나 어려운지 해본 사람은 다 안다. 복잡하게 하는 것이 오히려 더 쉽다.

구글은 어떠한가? 구글의 홈페이지는 단순하기 그지없는데, 바로 이 단순함에 우리는 은근한 매력을 느끼고 있지 않은가? 이렇게 단순화하기 위해서는 어마어마하게 덜어내야 하는데 이는 어마어마한 용기가 수반되어야 가능하다. 절제의 미는 바로 이러한 과정 속에서 탄생되고 빛을 발하게 되는 것이다.

누구나가 한번쯤은 해보았을 게임 중의 하나가 '테트리스'인데, 이 테트리스의 인기 비결은 무엇이었을까? 바로 지극히 단순하고 재미있다는 데 있다. 더욱 놀라운 것은 테트리스 안에 과학이 숨겨져 있다는 사실이다. 블록 종류를 생각해보면 총 7개인데, 왜 7개일까? 인간에게 있어서 7은 기억할 수 있는 한계치이기 때문이다. 테트리스는 또한 정교한 수학적 논리가 있어서 지적 재미를 부추기는 독특한 형태의 게임이기에 많은 사람들을 사로잡았다.

4차 산업혁명의 시대에서는 복잡성이 더욱 증대되고 있다. 이를 기회로 삼고 새롭게 나아가기 위해서는 사물의 본질을 꿰뚫는 추상이 절대적으로 필요하며, CEO는 이러한 추상, 즉 본질을 파악하기 위한 시간을 써야 한다. CEO가 이러한 본질에 대해 고민하는 시간보다 매일 일어나는 비즈니스의 이슈에 시간을 쏟으면 쏟을수록, 본질에서 멀어질 가능성이 높기 때문에 본질, 즉 추상에 매진하는 것이 매우 중요하다. 즉 본질에 초점을 맞추어 제대로 된, 의미있는 고민이 되어야 한다는 것이다.

전통적인 제조업체 GE가 더 이상 제조업체가 아니라 SAP 같은 회사라고 선포하는 것은 왜일까? 바로 업에 대한, 본질에 대한 이해에 기반을 두고 있다고 보아야 한다. 사물인터넷, 산업인터넷이 지니는 의미, 그리고 미래 세상의 복잡한 변화에 있어서 핵심이 무엇인지를 꿰뚫고 들어간 것이라고 볼 수 있다.

경영에서는 많은 질문이 '시장점유율을 어떻게 더 올릴까?', '경쟁 업체는 무엇을 하고 있는가?'라는 질문에서 '업의 본질은 무엇인가?' 등의 질문으로 바뀌어갈 것이고, 이러한 심오한 질문에 대한 해법과 해답을 지니고 있는 기업이 혁신적으로 성공하는 기업이 될 것이다. 예술에서의 추상의 과정과 심오한 철학을 이제 경영으로 반드시 옮겨놓아야 한다. 본질을 꿰뚫지 못한 채 바쁜 조직은 본질을 꿰뚫은 여유로운 조직을 결코 이길 수 없을 것이다. 이것이 추상의 힘이다.

6장

아트경영에 이르는
7대 경영디자인

지금까지 아트경영의 의미와 가치 그리고 파괴적 혁신을 위해 기업이 지녀야 할 예술적 자본이 무엇인지에 대해서 살펴보았으며, 이후 예술가의 창의는 어디서부터 나오는 것인지에 대한 다섯 가지 비밀을 엿보았다. 이제 마지막으로 아트경영을 위한 7대 경영디자인을 제시하고자 한다.

1. '제품'이 아닌 '예술 작품'을 출시하라

유명한 예술가의 공연을 보려고 기꺼이 줄을 서기도 하고,

티켓이 매진되기 전에 부랴부랴 티켓을 구매하고 공연일을 손꼽아 기다린 경험이 있을 것이다. 그리고 예술가의 공연에 감동하고, 감격하여 눈물을 흘린 적도 있을 것이다.

이와 마찬가지로 만약 고객들이 어떤 기업에서 출시하는 제품을 손꼽아 기다리고, 제품이 다 동이 나서 바로 구입할 수가 없을 때는 아쉬워하면서 예약을 걸어 두고, 3개월 또는 6개월 후에 기쁜 마음으로 제품을 받고 나서 제품을 사용하면서 감동받고 "역시 이 회사 제품은 예술이야"라면서 기다린 보람이 있다는 듯 뿌듯한 표정을 지으며 행복해한다면 어떠할까?

기업은 '제품을 출시한다'는 생각은 완전히 잊고 이제부터는 '예술 작품을 출시한다'는 생각으로 기업의 머리에서 발끝까지 뜯어 고쳐야 한다. 당장 한 가지 질문을 해보자.

우리 기업이 만드는 제품 중에서 예술 작품이라 할 만큼 고객으로부터 감동과 감탄이 있는가? 답은 어떠한가? 결론적으로 예술 작품이 아닌 것은 다 철수하는 것을 고려하거나, 예술 작품으로 다시 승화시키는 변화가 수반되어야 한다. 제품 포트폴리오의 재정립과 관련된 것이다. 필요하면 제품의 수를 줄이고, 경영 역량을 집중하고 온 에너지를 쏟아야 한다. 만들어낼 수 있는 제품을 출시하는 것이 아니라 세상에 가치를 주는 제품만을 출시한다는 애플의 경영 철학을 다시 한번 생각해보아야 한다.

경영과학에서는 '경쟁사는 무엇을 하고 있는가?', '시장 점유율을 높이기 위한 방안은 무엇인가?'와 같은 질문을 바탕으로 많은 회의를 하고 경쟁우위 전략을 수립한다. 이러한 것이 경영과학의 산물이다.

하지만 아트경영에서는 '고객에게 무슨 가치를 전달할 것인가?'와 같은 질문을 던지면서 경쟁보다는 고객과 사회에 올인하는 구조라서 이전의 생각의 방식과 행동의 틀이 완전히 다를 수밖에 없다. 경쟁자보다 더 나은 제품을 출시하고 매출을 증대하는 것이 중요한 것이 아니라 경영진은 온통 고객에게 전달하는 '가치'가 무엇인지에 대해 끊임없는 고민을 한다. 고민하는 질문의 관점이 이처럼 판이하게 다르다 보니 결과물과 성과도 판이하게 달라지게 되는 것이다.

앞서 언급했던 레고의 사례를 살펴보더라도, 레고 기업이 성공 스토리를 만들 수 있었던 결정적인 이유는 바로 질문의 차이에서 비롯되었다. 경영과학 시대에서 너무나도 당연하고 의미 있다고 생각하는 질문인 '아이들은 어떤 장난감을 좋아할까?'라는 질문을 했다면 지금의 레고 같은 훌륭한 기업으로 도약할 수 있었을까? 레고는 이러한 틀에 박힌 질문 대신에 '아이들에게 놀이의 역할은 무엇인가?'라는 질문을 던진다. 질문은 매우 철학적으로 보이기까지하다. 그러나 4차 산업혁명 시대에서 미래 혁신 기업은 이런 질문을 던지고 전략을 짜고 실행에 옮겨야 한다는 것을 기억해두자.

여기서 우리는 레고의 '관찰'에 주목할 필요가 있다. 왜냐하면 예술가의 창의 비밀 첫 번째가 관찰이라는 점에서 새로운 창조는 이처럼 관찰에서부터 시작하고, 관찰의 관점 역시 중요한데, '어떤 장난감을 좋아할까'라는 생각의 렌즈가 아니라 '아이들에게 놀이 역할은 무엇일까'라는 생각 렌즈를 기반으로 한 관찰을 진행한다는 점이다. 이러한 관찰 과정을 통해 레고는 놀이를 통한 능력의 향상을 추구하는 것 등의 사실에 주목하게 되고, 아이들에게 놀이는 시간이 걸려도 가능하다는 결론들을 내리면서 레고다움이 있는 레고 제품들을 만들게 된다. 그런데 흥미로운 것은 관찰하기 전 피상적으로 레고 경영진이 가지고 있었던 잘못된 생각이 무엇이었냐면 '아이들은 시간이 없다', '아이들은 즉흥적인 것을 좋아한다' 등이었다. 당신도 순간적으로 그리 생각하지 않았는가? 하지만 이는 본질을 제대로 꿰뚫어 보지 못하면서 발생하는 경영의 오류인 것이다. 이러한 잘못된 가정에 기반해서 전략을 수립하면 매번 시장에서 외면당하기 십상이다. 당연히 감동이 스며들어 있기는 어렵다. 즉 제품은 출시할 수 있지만 예술 작품으로 승화되어 고객에게 전달되지는 못하며, 그저 그런 제품 중의 하나로 인지되고 만다.

즉 고객은 제품(what) 그 자체가 아니라 회사가 지향하는 가치와 철학(why)에 매료되어 지갑을 열고 해당 기업의 철학과 가치를 사는 것이다. 다만 그것이 구현된 형태가 제품이기에 해당 기업의 제품을 구입하는 것이다.

많은 회사들이 회사의 로고를 떼어내면 어느 회사 제품인지도 분간이 안 될 정도로 아무런 특성과 색깔이 없는 제품을 출시하는 경우가 많다. 이는 전형적으로 경쟁사보다 그저 조금 나은 제품 출시라는 틀에서 제품 출시가 이루어지기 때문이다. 정체성은 기업의 철학에서 나오게 되는 것이고, 그러한 철학이 제품의 디자인을 비롯해 제품을 판매하는 매장의 인테리어 등 세세하고 작은 부분까지 다양한 형태로 표출이 되는 것이다. 이와 같이 예술 작품이 지니고 있는 창의, 감동, 정체성이 제품에 묻어나 있을 때 고객은 환호한다. 제품이 예술적이라고 하는 것은 단순히 제품의 외형만을 말하는 것이 아니라 제품의 디자인, 기능, 모양,

크기, 색상, 사용법, 촉감 등 제품의 모든 것을 포함하고 있으며, 고객은 오감을 통해 제품을 느낀다. 또한 고객은 제품을 사용하면서 그 회사가 지향하는 바를 온몸으로 느끼고 감동한다.

아트경영에서는 이처럼 제품을 출시하는 것이 아니라 예술 작품을 출시하는 정신과 철학을 바탕으로 고객에게 감동을 전하는 것이다.

2. 미래를 예측하지 말고 미래를 창조하라

기업에서 소비자 조사를 통해 고객 니즈를 파악하고, 고객 니즈에 기반한 제품 및 서비스를 출시해 매출을 창출하는 것은 일반적이다. 그러나 미래 비즈니스 환경은 이러한 전통적이고 고전적인 방식에 저항하고 있다. 우선 고객은 스스로가 무엇을 원하는지 잘 모르는 경향이 점점 더 커지고 있다. 그만큼 비즈니스의 환경이 급변하고 있기 때문이다. 소비자 조사는 과거에는 마케팅에서 매우 중요한 도구였으나, 미래에는 그 역할과 가치가 점차 축소될 것으로 보인다. 물론 소비자 조사는 다른 형태로 발전해서 계속될 것이다. 예를 들어 소비자에게 설문 조사를 해서 분석하는 접근이 아니라 소비자에게 묻지 않고 소비자들의 행동들을 관찰하면서 느끼는 바를 새로운 제품과 서비스에 반영하는 등의 다른 형태로 변화할 것이다. 소비자들에게 묻지 않고 관찰을 통해 아이들에게 놀이가 무엇인지를 발견한 레고의 사례나 인텔의 행동과학연구소에서 끊임없이 소비자들의 라이프 스타일과 생활을 관찰하면서 미래 비즈니스를 구상하는 사례를 보더라도 소비자 조사는 이전과는 차원이 다르게 변화하게 될 것이다.

또한 기업에서는 지금까지 미래 수요 예측을 기반으로 한 대응전략을 수립해왔지만 미래에도 이러한 접근 방법이 타당한지에 대해 진지하게 고민할 필요가 있다. 앞에서 이야기했지만 소비자 자신이 무엇을 원하는지 잘 모르는 상황에서 수요 예측이 제대로 이루어지기는 쉽지 않다. 따라서 '미래 수요를 예측하지 말고 미래 수요를 창출하라'라는 말에 초점을 맞출 필요가 있다. 구글, 애플, 페이스북, 아마존 등 지금 전 세계 시가 총액 상위에 있는 기업들의 공통점을 하나 꼽는다면 모두 다 미래를 창조해가는 기업들이라는 점이다. 그렇기에 시장은 해당 기업이 만들어가는 세상에 동조하며 그 기업의 제품을 사용하고 그 기업이 지향하는 가치에 환호하는 것이다. 저절로 "어! 예술인데?"라고 감탄이 나오는 것이다. 혁신에 대한 프리미엄을 인정받는 것이다.

예술에서 끊임없이 새로운 장르가 나오면서 기존의 것을 파괴하고 새로운 세상을 펼치는 것처럼, 기업경영에서 아트경영은 제품과 사업에 대해 새로운 장르를 열고 있다. 새로운 장르를 통해 고객 및 소비자가 이전에는 상상도 하지 못했던 새로운 제품과 새로운 서비스를 체험하면서 감동하는 것과 같은 이치이다. 새로운 장르야말로 미래 수요를 새롭게 만들어 창조해나가는 것이지, 미래 수요를 예측하는 것과는 차원이 다르다.

이러한 미래 수요 창출에서 중요한 점은 인류와 세상에 대해 어떠한 가치를 제공하고자 할 것인지에 대한 경영 철학과 가치가 반드시 있어야 한다는 점이다. 그래야 그 정신을 고객과 소비자가 함께 공감하게 되는 것이다. 결국 새로운 장르를 창출하는 것이 아트경영이 지향하는 바이다. 대표적으로 아마존을 보면 단순한 E-commerce 기업이라고 보기 어렵다. 아마존의 사업 영역을 정의할 수 있는가? 아마존의 경쟁자를 정의할 수 있는가? 아마존은 끊임없는 경계의 파괴 속에서 지금 새로운 장르를 만들어가고 있다.

미래를 창조해감에 있어서 왜 그 사업을 하고자 하는지,

인류와 세상에 어떠한 가치를 제공하고 전달하고자 하는 간절한 열망으로 가득 차 있는지가 매우 중요하다. 그 일념으로 어떠한 난관에도 굴하지 않고 꿈꾸는 세상을 향해 나아갈 수 있기 때문이다. 이러한 과정에서 가히 상상을 초월하는 파괴적 혁신 제품과 서비스가 탄생되고 새로운 역사가 시작되는 것이다.

지금 이렇게 질문을 던져보자. '우리 기업은 새로운 장르를 탄생시키기 위한 신사업, 신제품, 신서비스를 준비하고 있는가?' 이제 미래 수요 예측의 시대를 넘어 미래 수요 창출의 시대로의 전략 구사가 필요하다. 경쟁자가 무엇을 하는지는 전혀 중요하지 않다. 바로 왜 그 사업을 하고자 하는지에 대한 신념과 구현하고자 하는 세상을 매일 꿈꾸며 한 단계 한 단계 나아가는 것이 핵심이다. 이것이 아트경영이다.

3. what이 아닌 why로 승부하라

지금까지 많은 기업이 범하는 오류는 바로 'what'에 초점을 맞추면서 더 좋게, 싸게, 빨리 제품을 만들어 출시해서 경쟁 우위를 누리려고 한 점이다. 즉 고객 가치 측면에서 보면 기능적 가치가 제일 중요시되었다. 그러나 미래 시대에는 이러한 방정식이 더 이상 통용되지 않을 것이다.

그림 6-1에서 보는 바와 같이 A선의 S커브를 보면 성숙 단계에 이르면 한계에 다다르게 되어 제품의 효용 가치가 소멸된다. 이러한 가치가 소멸되지 않게 하기 위해 새로운 가치를 창출해가는데 새로운 가치의 지향점이 '더 좋게, 더 싸게, 더 빠르게'인 경우 기존의 선인 A선 안에서의 새로운 가치를 창출해가는 과정을 거치게 된다. 그러나 이러한 가치 창출은 파괴적 혁신이 아닌 점진적 혁신이다. 즉 게임체인저가 되기엔 한계가 있다.

휴대폰으로 예를 들어보자. A선에 새로운 가치를 제공하는 것이 '카메라 화소기능'이라 하고 이전보다 더 좋은 화질을 구현하는 휴대폰을 출시한다면 이는 A선 내에서의 '더 나은(better)' 제품에는 해당될 수 있고 점진적 혁신을 구현할 수는 있지만 휴대폰의 게임체인저의 역할인 파괴적 혁신을 이루어내지는 못한다.

반면에 휴대폰의 획기적 혁신 제품인 스마트폰은 기존의 A선 내에서의 변화가 아닌 아예 새로운 B라는 선을 창출해낸 것이라고 볼 수 있다. 왜냐하면 스마트폰은 사람들의 라

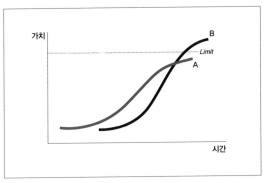

그림 6-1 S커브와 가치

이프 스타일을 획기적으로 바꾸고, 고도화된 전화기라는 디바이스를 뛰어넘어 지구상에 새로운 디바이스를 선보이게 되었기 때문이다. 왜 이러한 차이가 발생하는 것일까? 그것은 what과 why의 차이에서 비롯된다. 향상된 카메라 화소 기능을 지닌 휴대폰은 what에 초점을 맞춘 것이고, 스마트폰은 why에 초점을 맞추었기 때문이다. why의 의미는 더 좋은 제품, 잘 팔리는 제품을 고민하기보다는 어떠한 가치를 고객에게 주고자 하는지에 고민을 집중하고, '삶에 있어서 휴대폰의 역할은?' 등의 질문을 던져가면서 새롭게 휴대폰을 정의하고, 고객과 인류에 새로운 가치를 구현한다는 뜻이다. 결국 이러한 과정 속에서 또 하나의 제품(one

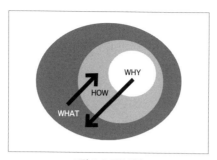

그림 6-2 골든 서클
자료: 사이먼 사이넥, 이영민 옮김, 『나는 왜 이 일을 하는가』(타임비즈, 2013).

of them)이 아닌, 고객에게 감동을 주는 예술 작품이 출시되는 것이다.

그림 6-2에서 보는 바와 같이 아트경영을 이루어내기 위해서는 why에 접근해 들어가야 하는데, 지금까지 많은 기업은 what/how에 초점을 맞추어왔다. what/how는 좌뇌에 기반한 사고방식이라고 보아야 하는데 우리 대부분은 이 사고방식에 익숙하다. 그러나 이제는 이러한 사고방식을 뛰어넘어야 하는데, 이것이 why 기반의 사고인 우뇌적 사고방식이라고 할 수 있다.

아트경영에서는 이처럼 A선이 아닌 B라는 새로운 선을 구현하는 것이다. 새로운 생각의 렌즈로 접근하여, 기존의 틀을 깨고 산업의 정의를 새롭게 내리고 새로운 가치를 세상에 펼치는 것이다. 단순한 기능적 가치를 뛰어넘어 심미적이고, 의미가 있으며, 경험적 가치를 누리도록 해야 한다. 또한 고객에게 감동을 선사해야 할 것이다. 물론 타사 제품과도 확연히 구분이 되어야 한다. 그리고 이 과정에서 '우리는 왜 이 제품을 출시하려고 하는가?', '어떤 가치를 구현하고자 하는가?', '이러한 why에 대한 치열한 고민은 기업이 지향하는 가치와 철학과 연계되어 기업의 존재의 이유로 이어지고, 결국 왜 우리 기업이 존재하는가?'라는 질문으로 이어지게 된다. 기업의 존재의 이유와 기업의 정체성이 뚜렷하게 드러나게 되는 과정이 될 것이다. 당장 실천해보자. '우리 기업은 왜 존재하는가?'에 대한 토론을 시작해보자.

4. '워커(worker)'가 아니라 '아티스트(artist)'가 되어라

아티스트 하면 무엇이 떠오르는지 생각해보자. 무엇인가 새롭고 창의적이고, 도발적인 사람? 다양한 단어와 이미지가 떠오를 것이다. 아티스트인데 감동이 없는 작품을 선보이는 아티스트는 더 이상 아티스트가 아니다. 아트경영에서는 조직 구성원 모두가 일하는 사람인 '워커'라는 생각을 벗어던지고, 나는 '아티스트'라는 생각을 가슴과 머릿속에 각인을 해야 한다.

기업에서 연구개발을 수행하는 사람을 흔히 연구개발자라고 부른다. 아트경영에서는 '연구개발자'가 아닌 '연구개발 아티스트'라고 부르는데, 연구개발자들은 스스로를 연구개발 아티스트라고 재규정하고 그에 맞춰 사고의 방식과 행동의 틀을 바꿀 필요가 있다. 마케팅을 담당하는 사람은 마케팅 아티스트로 생각과 행동이 바뀌어야 한다. 즉 조직 구성원 모두가 아티스트라는 생각을 가져야 한다는 뜻이다. 명함도 바꾸어야 한다.

아티스트로 일한다는 것은 나 자신이 일의 주체로 우뚝 선다는 의미로 아티스트는 작품을 만들기 위해 하기 싫은 숙제를 억지로 하는 것처럼 수동적이어서는 안 된다는 의미다. 직장에서 어떤 직원이 일이 재미없고 하기 싫지만 생계 등의 이유로 어쩔 수 없이 한다면 그 사람은 수동적이 되기 쉽다. 그런 사람은 일하는 과정에서 즐거울 리 없으므로 좋은 성과를 내기도 어렵다. 그래서 결코 일의 주체가 될 수 없고, 일을 하는 대상, 즉 객체로 자리매김하게 된다.

다시 말해 스스로를 주체가 아닌 객체로 전락시키는 것이다. 이는 기업에게도 개인에게도 매우 안타까운 일이 아닐 수 없다.

또한 아티스트로 일을 한다는 것은 끊임없이 어떠한 현상에 대해 호기심을 가지고 관찰하고, 어떠한 가치로 세상에 기여할 것인지를 끊임없이 고민하며 살아가는 것이다. 그 고민의 완성품이 제품이라는 예술 작품으로 탄생하는 것이다. 단순히 주어진 숙제를 열심히 한다면 그것은 '워커'의 모습이고, 주체가 되어 상상하고 출제를 한다면 그것은 '아티스트'의 모습이다. 출제를 통해 세상에 새로운 가치를 전달하고자 하는 열정이 넘치는 인재의 모습인 것이다. 모방을 거부하고, 나만의 유니크한 길을 걸어가는 인재의 모습인 것이다.

그러하기 위해 늘 익숙한 것을 낯설게 보기도 하고, 일반적이고 보편적인 생각의 감옥에 사로잡히지 않고 생각의 경계를 넘나들면서 창의적이고 도발적인 상상을 구현하는 사람이 아티스트인 것이다. 아티스트는 창의성을 발휘하며 업무에 몰입하면서 내적 동기가 부여되어 신나게 일을 하는 모습을 보인다.

따라서 나 자신이 아티스트라는 관점으로 일을 하게 되

그림 6-3 바이올린을 연주하고 있는 아인슈타인
자료: https://www.quora.com/Did-Albert-Einstein-know-how-to-play-the-violin

면 삶의 적극적인 주체로서 살아가는 것이고, 아울러 창의성이 증진된다. 이러한 생각을 지닌 아티스트 구성원들로 가득한 기업은 창의적이고 혁신적인 제품을 출시할 수 있을 것이다. 이는 기업의 혁신과 지속성장을 위한 것일 뿐만 아니라 조직 구성원 본인에게도 일의 의미를 새롭게 만들어주고, 삶을 변화시키는 촉매제가 되기 때문이다.

나 자신이 지금 아티스트라고 생각하고, 내가 하고 있는 업무나 신제품에 대해 아티스트로서 생각하고 제품을 구상하고 있는지 살펴보자. 앞서 이야기한 예술적 DNA가 묻어나는 제품을 개발하고 있는지에 대해 자문자답해보자. 아티스트처럼 생각하고 일을 하고 있지 않다면, 다시 원점에서 시작해야 한다. 그것은 이미 파괴적 혁신과는 거리가 있다. 따라서 아티스트로 일을 한다는 것은 인지지능과 감성지능을 조합해야 한다는 의미다. 좌뇌의 분석력과 우뇌의 감성지능이 겸비되어야 한다. 바로 다빈치 같은 사람을 말한다. 조직 내 누가 다빈치 인재를 많이 보유하고 있느냐가 향후 기업 경쟁력을 평가하는 중요한 기준이 될 것이다. 스티브 잡스 역시 아티스트로 일을 한 대표적인 사람이라고 볼 수 있으며, 다빈치는 물론이거니와 아인슈타인 역시 마찬가지이다. 이들 모두가 다 아티스트로 일을 한 사람들이다.

> 나는 직감과 직관, 사고 내부에서 본질이라고 할 수 있는 심상이 먼저 나타난다. 말이나 숫자는 이것의 표현수단에 불과하다. (아인슈타인)

> 최악의 과학자는 예술가가 아닌 과학자이다.
> (물리학자 아르망 투루소)

조직 구성원이 '나 자신＝아티스트'라는 관점으로 전환한다면 지금하고 있는 업무를 새로운 시각으로 바라보게 될 뿐만 아니라, 업무 자체에 더욱 몰입할 수 있을 것이다.

아트경영에서 기업이란 '제품'을 파는 기업이 아닌 '꿈과 가치'를 파는 회사이기에, 조직 구성원은 강한 내적 동기를 지니게 되고, 기업의 가치에 발맞추어 본인의 업무에 몰입하게 되기에 주어진 일을 하는 수동적인 존재가 아닌 자아실현을 하려는 적극적 존재로 변화한다. 우주를 깜짝 놀라게 해주고 싶은 구글, 픽사 등의 기업에서 일하는 조직 구성원의 일에 대한 만족도, 업무 몰입도는 일반 회사와 비교가 안 될 정도인데, 이는 관점의 차이에서 기인한 것이다. 이제 조직 구성원은 자신이 워커로서 일을 하고 있는지, 아티스트로서 일을 하고 있는지 살펴보아야 한다. 조직 차원에서는 아티스트처럼 일하는 조직 구성원이 조직 내 얼마만큼 존재하는지 살펴보아야 할 것이다.

5. 업무 수행 방식을
예술 창작의 과정(artistic way)으로 바꿔라

아트경영에서는 조직 구성원의 업무 수행은 예술 창작의 과정으로 완전히 재구성되어야 한다. 예술 창작의 과정이라 함은 조직 구성원은 업무 수행의 대상이 아닌 주체로서, 직장인으로의 업무를 수행하는 소극적인 차원을 뛰어넘어 삶의 자아실현의 장으로서 업무를 수행하는 형태를 의미한다. 이를 구현하기 위해서 기업은 조직 내 자율성이 극대화되도록 모든 업무 수행과 프로세스가 재구성되어야 한다.

더 명확히 이야기하자면 고객 가치와 조직 자율성을 위배하는 모든 것이 제거되도록 구성해야 한다. 많은 경우 복잡한 프로세스로 인해 본질적으로 지향해야 하는 고객 가치와 조직 자율성에 위배되는 것들이 곳곳에 도사리고 있다.

아마존이 인수하여 더욱 유명세를 탄 자포스(Zappos)의 사례는 우리에게 다양한 시사점을 주고 있어서 소개하고자 한다. 토니 셰이(Tony Hsieh)가 설립한 자포스는 온라인에서 의류 및 신발을 파는 기업으로, 이 회사의 특징은 업무 매뉴얼에 의존하기보다는 자포스가 추구하는 고객 가치를 기반으로 해 직원들이 자율적으로 판단하고 움직이면서 최고의 고객 가치를 실현해간다는 점이다. 이렇다 보니 어떤 고객이 특정 제품에 대해 문의했는데 해당 제품이 없다면 그 물건을 가장 저렴하게 구입할 수 있는 곳을 안내해주기까지 한다.

콜센터 직원이 한 고객과 전화 통화하는 시간은 일반적으로 10분이 채 되지 않는다. 그런데 자포스의 직원은 상상을 초월하는 시간 동안 고객과 소통을 한다. 심지어 어떤 콜센터 직원은 고객과 6시간 통화한 경우도 있다고 한다. 단순히 이익만을 추구하는 기업에서는 상상할 수 없는 일이 벌어지고 있는 것이다. 이러한 기대치 않은 환상적인 체험을 한 자포스 고객들은 자포스가 현재하고 있는 사업 외에 다른 사업도 자포스가 해주었으면 하는 바람을 지니고 있을 정도라고 하니 매우 독특한 기업이라고 할 수 있다. 고객들이 자포스가 다른 사업도 해주었으면 한다는 이야기를 듣는 자포스 직원들의 마음은 어떠할까? 일반적인 상황에서 절대 일어나지 않는 일들을 자포스는 해내고 있다.

이시즈카 시노부의 저서 『아마존은 왜? 최고가에 자포스를 인수했나』에는 자포스와 관련된 또 하나의 흥미로운 사건을 소개하고 있다. CEO인 토니 셰이와 자포니언(자포스 직원의 명칭) 몇 명이 '스케쳐스'라는 브랜드에 초대되어 캘리포니아를 방문했다. 일과를 마친 자포니언과 스케쳐스 직원들이 늦은 밤 숙소에 도착했을 때 누군가가 피자를 먹고 싶다는 말을 꺼냈다. 룸서비스가 제공되지 않는 늦은 시간이었는데 그때 누군가 농담조로 자포스에 전화해보자는 얘기를 꺼냈다. 자포스 직원이라는 것이 드러나면 안 되기 때문에 셰이와 자포니언들 대신 스케쳐스 직원이 전화를 걸기로 했다. 어떤 상황이 전개되었을까? 피자와는 전혀 상관없는 업체인데도 피자를 주문해보자는 발칙한 생각을 할 수 있다는 것 자체가 이미 자포스는 다른 기업과는 차원이 다른 길을 걷고 있는 기업이라고 볼 수 있다.

"여보세요. 제가 지금 산타모니카의 호텔에 있는데요, 피자가 너무 먹고 싶네요. 그런데 시간이 늦어서 룸서비스도 안 되고 초행길이라 주변에 식당이 있는지도 모르겠네요. 어떻게 안 되겠습니까?" 스케쳐스 직원의 말이 끝나자마자 자포스의 콜센터 직원은 이렇게 대답했다고 한다. "잠시만 기다려주세요. 저, 지금 묵고 계신 호텔에 피자를 배달해줄 피자집을 몇 군데 찾았습니다. 메모하실 수 있으세요?" 그리고 5곳의 가게 이름과 전화번호를 알려주었다는 것이다. 전화를 했던 스케쳐스의 직원은 그 이후 지금까지 자포스의 로열 고객이 되어 자신의 모든 신발을 자포스에서만 구입하고 있다고 한다. 우리는 자포스의 사례를 통해 기업의 상사는 사장이 아니라 기업의 미션이나 가치, 철학이라는 것을 너무나도 명백히 알 수 있고, 업무 수행이 틀에 박힌 것이 아니라 살아 움직이고 있음을 알 수 있다. 철저히 기업이 지향하는 가치에 기반해 스스로 의사결정을 하는 자율성을 지니고 책임감 있게 일하며, 자신의 업무에 보람을 느끼고 만족해하는 행복한 직원들의 모습은 예술가들이 자율적으로 창작의 과정을 즐기고 자아실현을 해가는 과정과 동일하지 않은가?

영국의 디자인 업체인 IDEO라는 회사가 있다. 이 회사는 원래 고객이 의뢰하는 제품을 디자인하는 회사이며, 애플의 마우스, Palm PDA 등을 디자인한 매우 혁신적인 기업으로 주목받고 있다. 최근에는 혁신 및 조직 문화에 있어서 벤치마킹이 될 정도로 일하는 과정에 있어서 여러 가지 시사점을 안겨주고 있다. 이 회사에서도 자율성은 매우 중요한 요소로 자리매김하고 있다. 무엇이 정해져 있기보다는 사무실 근무 환경도 스스로 만들어간다. 예를 들어 어느 날 어떤 직원이 누구에게 사전에 허락을 받지 않고 우연하게 사무실 천장에 자전거를 매달아두었는데, 다른 직원들이 그것이 괜찮은 아이디어라고 생각을 하면, 다른 직원도 어떤 동의나 허락이라는 절차 없이 스스로 자전거를 매달아두면서 사무실의 근무 환경이 어떤 틀에 의해서 변화되지 않는다. 무엇인가 꽉 정해져 있는 것이 아니라 매우 유연한 사고와 환경이 조성되어 있다. 일을 수행하는 과정 속에서 꽉 짜인 틀에 맞추어 움직이는 기계가 아닌 살아 움직이는 주체로서 일의 과정을 즐기며 일의 의미를 느끼는 것이 예술적으로 일하는 것이 아닐까?

미국의 한 대형 병원에서 청소 업무를 담당하는 사람의 작은 이야기는 업무 수행이 억지로, 마지못해 하는 고문이나 고역이 아니라, 세상에 가치를 창출하는 의미 있는 일을 하고 있는 과정이라는 것을 여지없이 보여준다. "제 직업은 청소부입니다. 매주 새로운 그림과 사진도 가지고 옵니다. 저는 이 층에 있는 모든 환자들의 건강을 책임지고 있는 사람이니까요." 이 사람은 본인의 직업에 대해서 어떻게 이러한 생각을 하게 된 것일까?

심리학자인 에이미 우르제니프스키는 사람들이 일을 바라보는 관점을 생업(job), 경력(career), 소명(calling)으로 나누었는데, '생업'은 그저 생계수단으로 일을 한다는 의미이며, '경력'은 일이 출세를 위한 기회와 사회적 성공에 초점이 맞추어져 있으며, '소명'으로서의 일은 존재의 의미가 되고, 일을 즐기면서 일과 삶이 분리되지 않는 특성을 지닌다. 동기 부여 측면에서 보면 생업과 경력은 외적 동기가 강하게 부여되는 반면에, 소명은 내적 동기가 강하게 부여된다고 볼 수 있다.

외적 동기 부여는 외부적 요인에 의해 나의 생각과 행동이 영향을 받는 구조이기에 주체적이고 능동적이라기보다

수동적인 경향이 강하다. 이렇다 보니 주체로서 살아가고 자 하는 인간의 본성에는 위배되는 것이다. 하지만 과거에 는 이러한 외적 동기 부여가 매우 주효했다. 이러한 과정 속에서 사람들은 일을 생활과 분리하게 된다.

일을 생계수단이라고 생각하는 사람은 일에 대한 만족도 나 일에 대한 즐거움이 높지 않기 때문에 회사에도 도움이 되지 않을 뿐더러, 본인의 삶에 있어서도 의미 추구가 크지 않아 손해가 될 수밖에 없다. 여기서의 일은 중노동에 가깝 게 된다. 어쩔 수 없이 일을 하기 때문이다. 철저하게 일과 생활이 분리된다. 일에 대한 의미를 제대로 찾지 못하기에, 즐거움과 스트레스 해소를 위해 일시적 쾌락을 찾기도 한 다. 그러나 일시적 쾌락은 다시 현실로 돌아오면 암울하고 변한 것이 아무것도 없게 된다. 반면에 자신의 직업을 소명 으로 생각하는 사람은 일 자체가 즐겁고, 일 자체에 온 힘 을 다해 열정을 쏟게 된다. 일 자체를 사랑하기에 업무 만 족도와 자긍심, 그리고 궁극적으로 일에 대한 성과 역시 뛰 어나게 될 것이다. 소명으로서의 일은 일을 하는 과정을 즐 기고, 결과를 즐긴다고 볼 수 있다. 따라서 행복의 정도를 비교해본다면 소명〉경력〉생업의 순이 된다.

그렇다면 사람에게 있어서 일은 어떤 역할과 의미를 지니는 것일까? 일을 하지 않으면 인간은 정말 행복할까? 결과적으로 이야기하면 그렇지 않다. 아이러니하게도 일을 통해서 사람은 삶의 의미와 가치를 찾는 존재이기 때문이다. 그래서 사람은 일을 하지 않으면 육체적, 정신적으로 피폐해지고, 좋지 못한 습관의 중독에 빠지게 되는 경우도 있다.

인간은 자연적 존재로서 동물적 본능으로만 살아가지 않고, 주변의 자연적 환경이나 문화적 환경에 단순히 적응하면서 살아가지 않는다. 오히려 일을 통해서 자신의 삶을 만들어나가고, 인간 본성을 획득하며, 더 나아가 자신을 만들어가는 존재이다. 이것이 바로 인간의 본성이자 특성인 것이다. 그러나 산업혁명의 과정에서 인간과 일은 생산 수단으로 전락하면서 일에 대한 의미는 매우 왜곡되었으며, 인간의 본성에 부합하지도 못하게 된 것이다.

마틴 셀리그먼은 사람이 무엇을 추구할 때 삶이 가장 만족스럽고 행복한지에 대해서 연구를 실시했다. '쾌락의 추구'가 아닌 '의미의 추구'가 가장 행복한 순간에서 중요한 역할을 하는 것으로 나타났다. 또한 마이클 스티거는 기업의 인재 채용에 있어서 '삶의 의미'를 충분히 갖고 있는 직원을 고용하거나 키워내는 데 관심을 기울여야 한다고 했는데, 이유는 삶의 의미를 지니고 있는 인재들이 기업에 헌신하며, 의

욕적으로 일하고, 일에 대한 만족도가 높기 때문이다.

그렇다면 아트경영에서 일의 의미는 무엇일까? 바로 '소명'이다. 즉 내가 왜 이 일을 하는가에 대한 목표 의식과 일을 통한 가치에 대해 명확히 인지하고 있기에 일에 대한 보람과 자긍심을 느끼고 자아실현의 의미를 담고 있기 때문이다.

야마다 사장이 이끄는 미라이 공업회사의 전 직원은 정규직이며 70세 정년을 보장받는다. 이 회사에는 정리해고와 잔업이 없으며, 일일 근로시간은 7시간 15분이고, 연간 휴가는 무려 140일이나 된다. 육아 휴직 또한 3년이 보장되고, 5년마다 해외여행을 가는 기업이다. 그야말로 천국 직장이라 불릴 만하다. 무엇이 이것을 가능하게 했을까? 야마다 사장은 직원을 감동시키면 직원은 회사를 위해 최선을 다하게 되어 있다는 신조로 회사를 운영해오고 있다. 신뢰하는 만큼 스스로 책임을 진다는 직원책임경영이 실천되고 있는 것이다. 일반적으로 여기까지 이야기를 들으면 우리는 벌써 방만한 경영이 되지 않을까 하는 참으로 고약한(?) 생각을 하게 되는데, 야마다 사장은 "해봤냐?"라는 반문을 통해, 오히려 그러한 생각을 지닌 사람들의 허를 찌른다. 직접 뽑은 직원을 못 믿는 것이 오히려 더 이상하다는 것이 야마다 사장의 소신이다. 이러한 경영 철학 덕분에 미라이 공업회사의 직원은 '일하는 대상으로서의 직원'의 개념을 초월하여 '생각하는 주체적인 직원'이라는 무형의 가치를 지니게 되었다. 경영진은 회사가 어느 정도의 매출을 올려야 적자를 면할 수 있을지를 계산하기보다는 직원 개개인이 가지고 있는 능력을 어떻게 하면 100% 발휘하도록 할 수 있을지, 즉 직원이 자아실현을 할 수 있도록 조직을 운영해야 한다.

일을 하는 과정이 예술 창작의 과정으로 바뀌려면 '자율성'이 조직 내에 스며들어야 한다. 여기서의 자율성은 방만을 뜻하는 것이 절대 아니며, 셀프경영(self-management)이 실현되는 것이다. 일일이 윗사람의 지시를 받고, 지적당하고, 상사의 관리에 의해 수동적으로 업무를 수행하는 것이 아니라, 자기 자신이 스스로 알아서 움직이는 것이다. '관리'라는 개념 자체가 오히려 어색할 정도이고, 기업은 스스로 알아서 움직이게 하는 구조를 형성해주는 것이 핵심이다. 이렇게 스스로 움직이는 구조에서 조직 구성원은 일의 의미를 찾아가고, 왜 그 일을 하는지에 대해 명확히 인지해야 동기 부여가 된다.

이러한 선순환 구조는 아이러니한 상황을 연출하게 되는

데, 일반적인 기업의 목적인 주주 가치의 극대화라는 기치 아래서는 주주〉고객〉직원의 순이었다면, 4차 산업혁명 시대의 미래 기업의 모습은 직원〉고객〉주주의 순서가 된다. 그 이유는 직원의 자율 경영의 틀이 확립되면, 조직 구성원은 시키지 않아도 자율적으로 신나서, 소명감에 기초하여, 고객의 가치를 창출하려고 최선을 다하게 될 것이기 때문이다. 앞서 이야기한 자포스, 야마다, IDEO 모두 이러한 기업 환경 속에서, 일을 한다는 것을 뛰어넘어 예술 창작의 과정 속에서 자아실현을 하는 형태를 취하고 있는 것이다. 일의 의미를 추구하는 것 그 자체가 이미 예술 창작의 과정에 체화되어 있는 것이다. 당연히 조직 구성원은 관리하고 통제할 대상이 아니라 새로운 창작을 하는 아티스트로서 스스로, 자율적으로 업무를 수행하며, 고객 가치를 극대화하는 주체로서 존재하고 자아실현을 하는 것이다.

6. 인재 채용 방식과 기업 교육 프로그램을 다시 짜라

소위 미래 사회는 괴짜들의 시대이다. 이러한 괴짜들이 가득한 기업이 되려면 두 가지를 추진해야 한다. 그 첫째는 괴짜들을 채용해야 하는 것이고, 둘째는 기존 직원들을 교육을 통해 괴짜로 육성해야 하는 것이다. 이를 위해서는 기존의 인재 채용 방식을 걷어내야 하고, 지금까지 해오던 직원 교육 프로그램을 다 뜯어고치는 대대적인 리모델링이 필요하다.

이러한 괴짜들을 얼마만큼 보유하고 있는지는 파괴적 혁신 기업의 진정한 경쟁력이다. 지금까지의 기업 채용 방식은 기능형 인재를 선발하기 위해 대학, 학과전공, 영어 성적 등을 고려한 서류와 면접을 통해 최종 선발하는 구조이다. 지금까지 채용에서 중요시 여기고 있는 것은 바로 인지지능이지 감성지능이 결코 아니다. 즉 인지지능이 상대적으로 뛰어나다고 생각하는 인재를 선발해왔다. 미래 사회에서 기업을 이끌어나갈 상상력과 감성지능이 뛰어난 인재를 뽑아야 함에도 불구하고 전혀 이러한 변화에 대응하지 못하고 있으면서 창의와 혁신은 중요하다고 이야기를 한다면 이는 매우 모순적인 행동일 수밖에 없다. 마틴 셀리그먼의 실험을 생각해보자. 왜 전통적인 채용 방식으로 채용된 인재보다 정서지능이 뛰어난 인재들의 성과가 더 좋은지를 상기해본다면 왜 기업의 전통적인 채용 방식이 획기적으로 바뀌어야 하는지 이해할 수 있을 것이다.

구글의 채용 방식은 어떠한가? 구글은 구글이 원하는 인재상에 부합하는 인재를 뽑기 위해 기존의 전형적인 채용 방식의 틀을 깨고 앞에서 언급한 바와 같이 특이한 고속도로 전광판 광고를 통해 호기심 있는 인재들에게 채용의 문을 열고 있다.

지금 당신의 기업에서는 초등학교 중퇴자인 에디슨을 뽑을 수 있는가? 에디슨은 대부분의 기업 채용 방식에서는 서류 전형에서 탈락될 가능성이 크다. 그러면서 지금 이 순간에도 에디슨이 한 명언들을 언급하며 창조와 혁신으로 나아가자고 비전 선포식을 하는 기업들이 수두룩하다. 에디슨을 뽑지 못하는 채용 구조를 만들어놓고 에디슨 같은 인재를 기대하고 있다.

이제 융합과 통섭의 시대에서 인문학 전공, 예술 전공자들을 적극 채용할 필요도 있다. 지금은 예술 전공자들이 일반 기업에 지원하면 '예술 전공인데 왜 지원했을까?'라고 의아해하며 서류 전형에서 탈락시킬지도 모른다. 그러나 아트경영에 있어서 예술, 인문 전공자들이 중요한 이유는 바로 그들이 다른 생각의 렌즈를 지니고 있고, 다른 생각의 근육을 지니고 있기 때문이다. 인텔의 연구소에서 문화인류학을 전공한 사람을 뽑는 것은 바로 같은 이유다. 그렇다 보니 MBA(Master of Business Administration)와 더불어 MFA(Master of Fine Arts)가 뜨고, MFA는 새로운 MBA라는 이야기가 힘을 얻고 있는 것이다. MBA에서 아트를 접목해서 다음 단계로 진화, 발전을 도모하는 이유도 아트경영 패러다임에서는 새로운 인재상과 경영 리더가 필요하기 때문이다.

감성과 창의의 시대로의 진화 속에서 기업의 채용 방식의 변화는 파괴적 혁신 기업으로 도약하는 첫 단추에 해당된다. 창의적이고 감성지능이 뛰어난 인재들은 지시와 관리, 통제에 의해 움직이지 않고 스스로가 알아서 행동하고 실천하며, 늘 호기심을 가지고 익숙한 것을 낯설게 보려 하고, 그 속에서 새로운 것을 발견하려 한다. 이러한 인재를 보유하고 있는 기업은 이미 절반은 성공했다고 보아도 과언이 아닐 정도로 기업에 있어서는 괴짜 인재가 미래의 전부임을 명심할 필요가 있다. 오늘 당장 채용 방식을 새롭게 정립해보면 어떨까?

이제 기업 교육 프로그램에 대해서 점검해보자. 지금까지의 기업 교육 프로그램들은 '좌뇌 교육', 즉 지식 관련 교육이 주를 이루고 있다. 최근 빅데이터 등과 같은 기술적인 미래 트렌드가 있으면 관련 지식을 쌓는 데 많은 시간과 노력을 들인다. 이러한 교육이 의미가 없다거나 불필요하다고 하는 것은 전혀 아니다. 어찌 보면 기업이 '우뇌 교육'을 간과하고 있는 것은 당연한 일인지도 모른다. 기업경영에 있어서는 정확한 분석이 필요하고 그것이 많이 활용되는 것이 사실이기 때문이다. 그러나 이제는 이 좌뇌 교육을 뛰어넘어야만 숙제하는 기업에서 출제하는 기업으로 거듭나고 지속적으로 혁신을 이끌어갈 수 있다.

픽사 유니버시티에서 왜 데생을 비롯한 교육 프로그램을 가동하고 있을까? 앞에서도 이야기했듯이 그들이 결코 한가로워서, 시간이 남아서 데생 교육 프로그램을 실시하는 것이 아니다. '관찰'의 근육을 직원들에게 키워주기 위해서다. 관찰은 새로운 생각의 렌즈를 지닐 수 있게 해주며 기존의 생각의 유니폼에서 벗어나서 새로운 사고의 틀을 제시해주기 때문이다. 그런데 대부분의 기업 교육은 어떠한가? 이러한 지혜와 통찰보다는 지식을 제공하는 경향이 상대적으로 많다. 이러한 교육에서 경계를 파괴하는 생각이 일어나기는 쉽지 않다. 왜냐하면 생각하는 법을 가르쳐주지 않기 때문이다. 그리고 생각에 숨을 넣어주어야 하는데, 이러한 교육은 많은 지식을 빠르게 흡수시키려는 경향이 있어 생각에 숨을 불어넣을 여유를 가지기가 쉽지 않다. 생각의 슬랙을 용인하지 않기 때문이다. 바로 이러한 점들이 창의성을 죽인다.

그리고 요즘에는 인문학 또는 감성이 중요하다고 하니, 기업 교육에 이러한 내용의 프로그램이 등장하기도 하는데, 문제는 이러한 교육이 파괴적 혁신 경영으로 연계가 되어야 함에도 불구하고 대부분은 인문학, 예술 관련 지식을 조금 더 쌓게 되어 기본 지식 소양이 다소 늘거나, 개인적으로 힐링이 되거나 하는 정도로 갈음되는 경향이 있다. 이 역시도 교육을 안 하는 것보다는 백번 낫지만, 우리가 여기서 잊어서는 안 되는 것이 있다. 인문학을 교육하는 이유는 단지 인문학적 지식과 소양을 위해서만은 아니다. 이를 뛰어넘어 비즈니스 현장에 접목해야 하는데, 인문학 교육을 받은 이후에 다시 비즈니스 현장으로 돌아와 교육을 받기 전과 똑같이 생각하고 행동하고 회의하고 의사결정을 내린다면 교육의 효과가 매우 희석될 수밖에 없다. 그리고 이러한 패턴이 반복되면 기업의 입장에서도 '인문학 교육, 예술 교육? 글쎄, 필요할까?'라는 잘못된 인식을 가질 수도 있다. 교육을 받으면 앞에서 이야기한 레고의 사례처럼 질문과 생각이 바뀌는 것이 중요하다. 교육 이전에는 '시장점유율을 높이기 위해 무엇을 해야 하는가?'라는 좌뇌적 질문을 했다면 교육 이후에는 '아이들에게 놀이는 무엇인가?'라는 우뇌적 질문을 할 수 있어야 한다. 나아가 이에 대해 생각하고 새롭게 제품 전략을 수립해 신제품을 출시하는 과정으로 이어지게 하는 것이야말로 인문학적 융합이고 파괴적 혁신 경영에의 접목이 되는 것이다. 그렇지 않으면 인문학 교육은 그야말로 기본 소양밖에 되지 않는다.

기업의 변화 관리 프로그램의 일환으로 예술가를 투입하여 이질적인 조직 갈등을 해결하기도 하고, 어떤 백화점의 경우 연극과 역할놀이를 통해서 고객대응향상을 획기적으로 개선하기도 한다. 또한 세계적인 병원 중의 하나인 클리블랜드 클리닉은 의료진들의 환자 경험을 통해 어떠한 것이 중요하다고 이성적으로 인지하는 것을 뛰어넘어 직접 몸으로 체험하고, 마음으로 느끼며 서비스를 끊임없이 새롭게 디자인한다. 아트경영에서의 교육 프로그램은 변화의 강한 '내적 동기' 부여를 일으킴으로써 고객 또는 조직 구성원의 마음속으로 들어가서 함께 공감하고 느끼는 과정을 거치는 프로그램으로 새롭게 재구성되어야 한다.

필자가 국내 굴지 기업을 대상으로 예술 관련 교육 프로그램을 도입했을 때 그 기업은 처음에는 굉장히 낯설어했다. 하지만 기업 관계자의 우려와는 달리 교육이 진행될수록 반응은 가히 폭발적이었다. 마치 새로운 세계를 만났다는 듯이 뜨거운 관심을 보였던 당시 교육생들의 반응이 아직도 눈에 선하다.

이제 기업은 기존의 산업혁명 시대에 오랫동안 사용되어온 낡은 교육 프로그램을 새롭게 재정비해야 한다. 이를 통해 기존의 인재들이 4차 산업혁명에 부합하는 창의적 인재, 거미형 인재, 감성적 인재의 DNA를 구축할 수 있도록 해야 한다.

7. 직장을 놀이터로 만들어라

과거 채집, 수렵사회에서는 인간의 일과 놀이가 분리되어 있지 않았다. 산업화를 거치면서 일과 놀이는 철저하게 분리되었다. 생산성과 효율성이 매우 중요한 산업 사회에서는 인간은 제품을 만들어내는 하나의 대상이자 객체이기에 노는 시간이 허용되지 않았다.

업무 시간에는 생산성을 극대화하기 위한 장치들이 마련되기 시작했는데 대표적인 것이 외적 동기 부여이다. 즉 생산성이 높으면 인센티브를 주는 식이다. 이뿐만이 아니라 분업화, 대량생산체제, 공용화, 표준화 등이 생산성과 효율성을 극대화하기 위해 고안된 것들이다. 심지어 웃는 것조차도 금기시되었을 정도였으니 말이다.

그럼 이러한 특성이 현재에는 어떻게 나타나고 있을까? 너무나도 똑같이 이러한 현상은 반복되고 있다. 대표적으로 '회사에 놀러왔나?'가 그 잔재이다. 직장인이라면 한번쯤은 이 말을 하거나 들어봤을 것이다. 여기서 놀라운 점은 늘 들어온 말이라 아무도 이 말을 이상하게 여기지 않는다는 점이다.

하버드 대학교 심리학자들이 언제 가장 행복한지에 대해 연구 조사를 실시했는데, 최하위가 바로 '일'이었다. 안타까운 점은 우리가 인생에서 가장 많은 시간을 할애하고 있는 것이 '일'이라는 점이다. 결국 인생에서 일에 많은 시간을 쏟아붓고 있음에도 불구하고 정작 행복하지는 않다는 결론이다. 이는 직장인을 대상으로 한 설문 조사에서 직장생활에 대한 만족도가 높지 않은 결과와 일맥상통한다.

직장하면 떠오르는 이미지 중 하나는 바로 진지함이다. 진지하면 일을 잘하고, 진지하지 않으면 실없는 사람이나 일을 잘하지 못하는 사람으로 여기기도 한다. 이는 근거 없

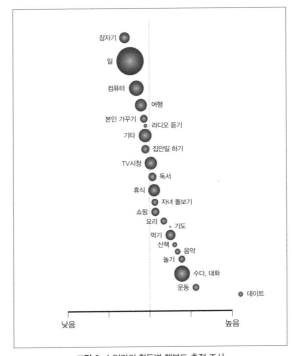

그림 6-4 인간의 활동별 행복도 측정 조사

자료: Killingsworth & Gilbert, "A Wandering Mind is an Unhappy Mind",
Science(2010).

는 편견이요 잘못된 관점이다. 웃음의 중요성을 알고 있는 마단 카타리아(Madan Kataria)는 웃음이라는 전염병을 전 세계로 확산해 인류의 건강을 향상하고, 수익도 증대하며, 세계 평화도 가져오게 한다는 목표를 세우고, 웃음 클럽을 통해 웃음을 전파하고 있다. 웃음 클럽은 매일 아침 공원, 마을 녹지대, 쇼핑센터 등에 모여 30분 동안 웃는 사람들의 작은 모임이다. 당신은 하루에 얼마나 웃고 있는가?

신경과학자 로버트 프로빈(Robert Provine)의 「웃음: 과학적 조사(Laughter: A Scientific Investigation)」 연구에 따르면 웃음은 산소 공급 측면에서도 이로우며, 심장 혈관 시스템을 활성화하고, 심장박동 수를 늘리는 효과를 가져온다고 한다. 웃음은 우리의 삶에 있어서 없어서는 안 될 매우 중요한 요소로 그동안 일과 놀이의 분리는 철저히 인간의 본성에 위배되는 행위였던 셈이다. 더군다나 그러한 것을 인지조차하기 힘들었다. 이제는 이 굴레에서 벗어나 인간 본연의 모습을 찾아가야 한다. 그것이 인간의 본성에 부합하는 경영이고 이것이 4차 산업혁명에서 요구되고 있는 것이다.

그렇다면 직장은 어떻게 변화되어야 할까? 직원들이 일을 하는 것인지, 노는 것인지 구분이 안 되는 애매모호함이 4차 산업혁명이 지향하는 일터의 모습이며, 인간 본성에 부합하는 모습이다. 따라서 앞으로 직장은 아이러니하게도 '완전한 놀이터'가 되어야 하며, 지금의 회사의 모습과는 판이하게 달라져야 한다.

조직 내의 재미와 놀이의 수준은 직원들의 사기를 높이는 데 직접적인 영향을 준다. 〈인크레더블〉과 〈라따뚜이〉

를 만든 픽사의 브래드 버드(Brad Bird) 감독은 이렇게 말했다. "영화 예산서에 항목은 따로 없지만, 예산에 가장 큰 영향을 끼치는 것이 바로 '사기'입니다. 사기가 낮으면 1달러를 써도 25센트의 가치밖에 얻을 수 없어요. 반대로 사기가 높으면 1달러로 3달러의 가치를 얻을 수 있습니다. 기업은 직원들의 사기를 높이는 데 좀 더 관심을 기울여야 해요." 참으로 정곡을 찌르는 말이 아닐 수 없다.

"심각한 인간은 끝내 벌을 받으리라." 필자가 좋아하는 글귀로 픽사의 경영 철학을 담은 말이다. 픽사는 기업경영에 있어서 놀이가 조직 구성원에게 그리고 창의성에 얼마나 중요한지를 잘 간파하고 있다. 근면과 성실, 위계질서, 진지함으로 대변되는 직장의 분위기가 새롭게 변화되어야 하는 이유이다. 즉 놀이터에서 노는 아이들처럼 일을 하는 모습으로 대전환이 이루어져야 한다.

1991년에 제정된 이그노벨상은 현실적 쓸모에 상관없이 발상 전환을 돕는 이색적인 연구, 고정관념이나 일상적 사고로는 생각하기 힘든 획기적인 사건에 수여하기 위해 제정되었다. 이그노벨(Ig Nobel)은 '고상한'을 뜻하는 단어인 노블(noble)의 반대인 이그노블, 즉 '품위 없는'이라는 의미다. 예를 들어 이그노벨상 수상자 중에는 죽은 파리를 수집

그림 6–5 이그노벨상 포스터 **자료:** 이그노벨상 홈페이지(www.improbable.com).

해 책을 쓴 사람, 쥐에게 바지를 입혀본 사람 등이 있다. 흥미로운 사실은 이그노벨상을 받은 사람 중에서 노벨상을 받는 사람이 나오고 있다는 점이다. 적어도 우리는 이그노벨상이 지향하는 가치와 철학을 견지하며 상상하고 놀아야 하는 것이다.

놀이터 같은 회사는 재미가 있고, 늘 웃음이 넘친다. 그런 곳에서는 상상과 창의가 충만하게 된다. 직원들 간의 관계 또한 긴밀하고, 협력을 통한 아이디어의 공유, 조언이 자연스러울 뿐더러 불확실성에 대해서 오히려 즐기면서 일을 유연하게 처리하는 모습이 그려진다. 반면에 기존의 산업혁명의 틀에 있는 기업은 과다하게 진지하고, 회의가 많고, 조직 구성원의 표정에서 즐거움을 발견하기 어렵다. 참

그림 6-6 놀이터 같은 호주 시드니의 구글 사무실 모습 **자료:** 구글 홈페이지

고 견디자는 마음이 팽배해 있다. 이런 분위기에서는 창조적인 아이디어가 나올 수가 없다. 열심히 한다고 되는 것은 더욱더 아니다.

직원에게 필요한 것은 정신적 소유권으로 이러한 정신적 소유권은 경영 관리, 경영 통제라는 구조 속에서 그간 박탈당해왔다. 이제 인간 본연의 모습을 회복하기 위해 정신적 소유권을 돌려주어야 한다. 조직 구성원을 방목해야 하는 이유이기도 하다.

직장을 놀이터로 만드는 것은 바로 놀이와 예술, 그리고 인간의 본성과 직결된 매우 중요한 일이다. 놀이는 자발적으로 시간 가는 줄 모르고 한다. 그리고 놀이를 할 때는 몰입하게 되고 계속해서 하고 싶다. 이러한 놀이 곳곳에 우연과 기회, 창의가 숨어 있다.

놀이와 예술은 인간의 본성과 본능으로서 발현되어야 인간으로서의 참된 모습을 가지게 되는 것이다. 그러나 지금까지의 경영은 인간의 본성에 부합하는 환경을 조성해야 함에도 불구하고, 조직 구성원을 '경영 관리'의 틀 속에서 통제하고, 관리의 대상으로 인식해오면서 커다란 한계에 부딪히게 되었다. 이제 직원을 관리하고 통제함으로써 성과를 창출했던 과거의 행태에서 벗어나 신나는 놀이터를 만들어주고 직원들을 방목할 필요가 있다. 진정한 호모루덴스로서 인간의 참된 모습을 찾을 수 있도록 해야 한다.

ART
×
BUSINESS
=
INNOVATION

기업경영이 예술을 주목해야 하는 이유는 무엇일까? 기업
경영은 예술을 어떻게 바라보고 예술과 어떤 접목을 시도
해야 할까?

이 책에서 우리는 아트경영의 개념과 필요성을 비롯해
예술적 자본, 예술가의 창작 비밀과 아트경영을 위한 실천
전략을 살펴보면서 이러한 질문에 대한 해답을 찾아보았
다. 그럼으로써 4차 산업혁명 시대의 파괴적 혁신을 위해
서 요구되는 아트경영에 대해 새로운 관점과 생각의 근육
이 생겼을 것이다.

기업들은 혁신의 중요성을 인지하면서 조직 구성원들에

게 혁신을 거듭 강조한다. 그러나 결과는 늘 기대치에 크게 못 미친다. 다시 열심히 해보자! 라는 구호와 함께 혁신의 허리띠를 졸라 매어보지만, 그저 그런 결과를 양산하는 악순환을 반복한다. 또한, 벤치마킹한다면서 동종업체가 무엇을 하는지 살펴보지만 이러한 벤치마킹은 실효성에 있어서 한계가 있고, 창의적인 아이디어를 얻고자 회의를 거듭하지만, 아이러니하게도 정작 해당 기업이 혁신적인 기업으로 발돋움할 수 없도록 만드는 경직된 모습으로 비치는 경우가 다반사다. 그러나 4차 산업혁명의 거대한 파도속에서 기존의 산업, 경쟁, 비즈니스 모델은 정의하기가 어려울 정도로 파괴적으로 움직이고 있다. 지금까지 경영에 있어서 '인간'의 본성을 비롯해 인간에 대한 올바른 성찰은 매우 미흡했다. 기존의 경영 환경과 경영 패러다임에서 인간은 객체이자 대상으로서 존재해왔고 경영은 통제와 관리의 개념으로 각인되었다. 이제 우리는 이러한 틀을 모두 던져버려야 한다. 관찰을 비롯한 예술가의 창작 비밀은 기업경영에서도 생각하는 법을 360도 탈바꿈할 수 있는 착안점을 제공한다. 따라서 지금부터라도 고루한 생각의 틀을 벗어던지고 대대적인 혁신으로 나설 때이다.

진정한 파괴적 혁신을 위해 경영에 예술을 도입하지 않

는다면, 기업은 혁신과 창의를 위한 노력은 많이 하겠지만 기대하는 성과는 이루기 어렵다. 새로운 성공을 위한 새로운 방정식이 접목되지 않았기 때문이다. 기업은 이를 매우 준엄하게 직시해야 한다. 과거에 성공한 경험의 방정식에 기반을 두고 미래를 준비한다는 것은 매우 시대착오적인 발상이다. 아트경영은 기존의 경영 방식과 완전히 다른, 새로운 노력을 수반하기 때문이다.

중요한 것은 방향이다. 지금까지 수많은 기업이 혁신의 중요성을 인지했으나 그 방향이 바로 잡히지 않은 채 혁신 활동을 수행함으로써 오히려 조직 내에 혁신의 피로도만 높이고 혁신은커녕 후퇴하는 사례가 적지 않았다. 그러나 4차 산업혁명의 대지진은 기업이 원하든 원하지 않든 변화를 재촉한다. 잘나가던 기업의 쇠락 현상은 이제 익숙하지 않은가? 예전 같으면 난공불락의 철옹성이라 불리던 기업이 쇠락하는 것은 큰 충격이자 화젯거리였지만 이제는 일반적인 현상이 되어 가고 있다.

지금은 혁신의 방향을 아트경영에서 새롭게 정의하고 출발해 나아가야 한다. 모든 것을 원점에서 다시 하나씩 재정립해야 한다. 기존의 채용 방식부터 사업 전략, 조직 운영 방식에 이르기까지 모든 것을 바꾸어 나가야 한다. 4차 산업혁명의 대응은 단순히 인공지능 등의 기술 접목으로 해결되지 않는다. 이는 매우 편협하게 4차 산업혁명을 이해하는 것이다. 농업혁명 이후 산업혁명을 거쳐 새로운 상상혁명의 시대, 감성의 시대, 인간 본성의 시대가 다가오고 있다. 이를 위해 기업은 이전까지 보유하던 자본과 자산을 떨쳐버리고 새로운 예술적 자본을 축적해야 한다. 예술적 자본의 축적 없이는 기업 제품/서비스의 파괴적 혁신은 요원하다.

한편 조직 구성원들은 아티스트로 대대적으로 변화되어야 한다. 고객에게 진정한 가치와 감동을 줘야 한다. 기업이 지향하는 신념과 철학을 기반으로 스스로가 신나서 일하는 것인지, 노는 것인지 분간이 안 될 정도로 일에 몰입하는 모습을 구현해야 한다. 그럼으로써 기업의 놀라운 혁신이 창출되고, 조직 구성원은 외적 동기 부여가 아닌 내적 동기 부여에 힘입어 행복한 삶을 영위할 수 있다. 이렇게 진정한 인간의 본성에 부합하는 관계가 설정되어야 마침내 일의 의미가 달라지고 일터는 진정한 자기 경영에 기반을 둔 자아실현의 장소로 거듭날 수 있다.

이제 아트경영의 시대를 꽃피우자.

대우휴먼사이언스 022

아트경영

1판 1쇄 찍음 2018년 5월 28일
1판 3쇄 펴냄 2021년 8월 21일

지은이   홍대순
펴낸이   김정호
펴낸곳   아카넷

편집   김일수
디자인   여상우
마케팅   나영균
관리   박정은

출판등록   2000년 1월 24일(제406-2000-000012호)
주소   10881 경기도 파주시 회동길 445-3 2층
전화   031-955-9510(편집) 031-955-9514(주문)
팩스   031-955-9519
전자우편   acanet@acanet.co.kr
홈페이지   www.acanet.co.kr

ISBN 978-89-5733-594-9 04320

이 도서의 국립중앙도서관 출판예정도서목록(CIP)은 서지정보유통지원시스템 홈페이지(http://seoji.
nl.go.kr)와 국가자료공동목록시스템(http://www.nl.go.kr/kolisnet)에서 이용하실 수 있습니다.(CIP제
어번호: CIP2018015341)

• 책값은 뒤표지에 있습니다.
• 잘못 만들어진 책은 구입하신 곳에서 교환해 드립니다.